「できる」ブリーフセラピー

対人支援に活かす家族療法のコツ

吉田克彦 著

金子書房

はじめに

本書の目的

　本書は、「ブリーフセラピーを知らない人が、この 1 冊で実際にブリーフセラピーをある程度まで使えるようになる」ことを目標に書きました。

　本書における「ブリーフセラピー」とは、文化人類学者のグレゴリー・ベイトソンらが1950 年代に行った対人コミュニケーション研究などをもとに、精神科医のミルトン・エリクソンが催眠療法などのエッセンスを取り入れ、磨きをかけていったものを指します。その後、ブリーフセラピーは、解決志向アプローチやナラティブセラピー、オープンダイアローグなどにも影響を与えました。また、認知行動療法との親和性も高く、実際に「悪循環」や「リフレーミング」などのキーワードも共通します。

　ブリーフセラピーの特徴を一言でいうと、問題（精神疾患や不適切な行為）のきっかけを個人ではなく、関係性から見立てて支援することです。

　私は、ブリーフセラピーを実践して 26 年ほど経ちますが、ブリーフセラピーの研修会の講師をしたり、スーパーバイズを行ったりすることがあります。そのなかで、「ブリーフセラピーのつもりで面接をしているけれどうまくいかない」という相談を受けることがあります。しかし、よくよく話を聞いてみると、「これはブリーフセラピーといえるのか？」と疑問をもつことがあります。また、公認心理師の国家資格化により、他職種から公認心理師になった方から、「ブリーフセラピーに興味があるが、何から始めればいいかよくわからない」という相談もよく受けます。

　看護師や教員など、他職種から公認心理師資格を取得し、カウンセリングスキルを身につけたいと考えている方にとって、ブリーフセラピーはとても魅力的に映るのでしょう。「悪循環」「リフレーミング」「コンプリメント」といっ

1

た用語は、日常業務でも耳にするようになりました。そのような背景もあり、ブリーフセラピーに親近感を抱いている人も増えてきたように感じます。

ただ、そのような方に、ブリーフセラピーの専門書を紹介しても、「難しい」「イメージできない」「自分にはできそうもない」と言われることが多くあります。そこで本書は、「くわしいことはわからなくても、誰でもある程度のブリーフセラピーができるようになる」ことを目的とします。

本書の使い方

本書は大きく分けて、第1部「ブリーフセラピーの考え方に慣れる」、第2部「ブリーフセラピーの道具を手に入れる」、第3部「ブリーフセラピーの面接を体験する」の3部構成になっています。

第1部から順に読み進めていただいてももちろん構いませんが、ブリーフセラピーをまったく知らない方は、まずは第3部の「ブリーフセラピーの面接を体験する」のなかから、事例をいくつか読まれたうえで、第1部から通して読んでいただくほうが、イメージをしやすいかもしれません。

第1部「ブリーフセラピーの考え方に慣れる」では、ブリーフセラピーを構成するコミュニケーションの考え方を中心に紹介します。なるべく専門用語を使わず説明し、専門用語を使う際も、言葉の意味を覚えていなくてもわかるように紹介しています。ほとんどの段落は、小見出しに対して まとめ の形で応答する形になっております。そこを読むだけでもブリーフセラピーの要点がおわかりいただけると思います。

第2部「ブリーフセラピーの道具を手に入れる」では、面接をするうえで役に立つ質問法などを紹介します。ブリーフセラピーで用いる質問法の多くは、

特にソリューション・フォーカスト・アプローチという手法のなかで開発され、今なお磨かれ続けています。それらの質問法をヒントに、コミュニケーションをどのようにあつかうか、そして面接やメールを通しての情報収集のコツについても紹介します。質問法について暗記する必要はありません。

第3部「ブリーフセラピーの面接を体験する」では、筆者が実際にあつかった事例を相談者の許可を得たうえで、プライバシーに配慮して改変したケースを掲載しています。それぞれの事例では、まず共通の問いを設定しているので、その答えを考えながら、謎解きをするかのように事例を読み進めてください。

解説部分には複数の（ ・ポイント ）を掲載しています。ポイントを読むと、実際のブリーフセラピーのカウンセリングでどんなことに気をつけて面接を進めているかがご理解いただけるでしょう。もちろん、事例は1つの進め方として紹介しているもので、ほかの進め方もあります。使えそうなところはぜひ使っていただき、役に立ちそうにないところは使わずに、ご自身のやり方を構築していただければ幸いです。

私たちが赤ちゃんのころに、筋肉や関節の動かし方がわからないにもかかわらず、立ち上がり、歩くことができたように、まずはこの本を読んで「ブリーフセラピーができそう」とイメージをもつことが大切です。イメージをもてれば、より早く、より楽に、より快適に歩くことを目指して、知識を深めていくことができるはずです。

一人でも多くの人がブリーフセラピーを体感して、1つでも多くの問題の解消に役立てば、このうえない喜びです。

さぁ、一緒にブリーフセラピーを始めましょう！

3

目次

はじめに ……………………………………………………………………… 1

第1部 ブリーフセラピーの考え方に慣れる ……… 5

第1章　相互作用の視点をもつ ……………………………… 6
第2章　受け手の立場から見る ……………………………… 13
第3章　問題のまとめ方と区切り方 …………………………… 25

第2部 ブリーフセラピーの道具を手に入れる …… 43

第4章　ダブルバインドとパラドクス ………………………… 44
第5章　ソリューション・フォーカスト・アプローチ ………… 61

第3部 ブリーフセラピーの面接を体験する ……… 87

事例を解説する前に …………………………………………… 88
第6章　観察するだけでも変化する ………………………… 91
　【事例】雷をこわがる小学4年生を心配する母親 ………… 91
　【事例】小学生同士の仲が悪いときの解決法 ……………… 96
第7章　あえてやってみる …………………………………… 102
　【事例】震災のあとから眠れないという小学2年生 ……… 102
　【事例】兄弟げんかが激しく目を離せなかった母親 ……… 106
第8章　方針を示す …………………………………………… 114
　【事例】メールカウンセリングで解決するには ………… 114
　【事例】女子高生の自傷行為と何もできない両親への対応 …… 126
第9章　関係性をあつかう …………………………………… 137
　【事例】追い出したいくらい悩んだ成人した息子からの暴力 …… 137
　【事例】母子を孤立させずシステムを活かすには ……… 145
　【事例】ご近所問題をブリーフセラピーで考える ……… 159

学校案内の間違いと自分の不注意 ～むすびにかえて～ ……… 168

引用・参考文献 ………………………………………………… 171
索引 ……………………………………………………………… 172

第1部

ブリーフセラピーの考え方に慣れる

第1章
相互作用の視点をもつ

第2章
受け手の立場から見る

第3章
問題のまとめ方と区切り方

| 第 *1* 章 | 相互作用の視点をもつ |

　ブリーフセラピーができるようになるためには、まずはブリーフセラピー独特のコミュニケーションのあつかい方に慣れる必要があります。コミュニケーションが上手にあつかえるようになれば、問題を見立て介入を提案できるからです。

誰の指図も受けないことは可能か

　ここで一つイメージをして下さい。あなたは、休みの日に散歩に出かけました。すると、突然近くの家から「もう、誰の指図も受けない！」という声が聞こえてきました。前後の経緯はまだわかりません。

　この住人は誰の指図も受けずに生活できるでしょうか。そもそも、誰からも指図を受けていないのであれば、わざわざ「誰の指図も受けない」などと発言するでしょうか？

　たとえば、小さな島に一人だけで何十年も暮らしている状態なら「誰の指図も受けない」とわざわざ発言はしないはずです。もし、その状況で「もう、誰の指図も受けない」と発言するのであれば、昔よほど対人関係で嫌な経験をしたことを思い出したのかもしれません。そうであれば、「もう、誰の指図も受けない」という発言は、昔の対人関係に強く影響を受けていると"も"いえます。

　このように考えていくと、「もう、誰の指図も受けない」という発言自体が誰かの影響を受けていると"も"いえます。

| まとめ | **「指図を受けない」という言葉さえも誰かの影響を受けている** |

いたるところにメッセージあり

　無人島ではなく近所の話に戻しましょう。どうやら、「もう、誰の指図も受

けない」という声の主は高校生ぐらいの男子のようです。進路のことを心配する母親が彼の生活態度に口を出し、母親の言葉に反応して子どもが「もう、誰の指図も受けない」という言葉を放ったようです。

さて、このやりとりを散歩中に道で聞いたあなたは、どう感じるでしょうか。

> ①子どもに手を焼いている母親に同情する
> ②反抗期のころの自分と重ね合わせてむずがゆくなる
> ③「母親に対してその口のきき方は何事だ」と子どもを批判する
> ④母親に口ごたえをする子どもに育てた保護者の養育方法を批判する
> ⑤「母親ばかりに子育てをさせて、ほかの家族は何をしているのだ」と考える
> ⑥その家庭のことはどうでもいいが、単純に「うるさいな」と思う
> ⑦その声のする方向を見る
> 　　　　　　　　　　　　　　　　　　　　　　　　　　　など

これらのように、あなたは子どもの「もう、誰の指図も受けない」という言葉に影響を受けて、何らかの反応をしています。たとえ、自分に対して発せられたメッセージでなくても、知覚した時点で何らかの影響を受けているとも考えられます。

 まとめ　　人はコミュニケーションせずにはいられない。

相互作用として見立てることでわかること

ブリーフセラピーの視点では少し変わった見方をします。"1つの見方"として、母親がガミガミ言うことに刺激されて、子どもが「『もう、誰の指図も受けない』と"言う必要があった"」と"見立ててみる"のです。

わざわざ、このように"見立ててみる"ことには大きな理由があります。

母親がガミガミと言うことで、子どもが「もう、誰の指図も受けない」と"言

う必要があった"のであれば、条件を変えることで、"言う必要がない"状態にすることもできるはずです。

　ここでは、「もう、誰の指図も受けない」という言葉ですが、これは暴言や暴力などほかの問題にも当てはめることもできます。つまり、母親との**相互作用**によって、"問題行動をする必要があった"と"見立てる"ことで、母親との別の相互作用によって、"問題行動をする必要がない"状態に変えられると"見ることができる"のです（→くわしくはP137〜145の事例参照）。

> **まとめ**　**相互作用という見方で問題をとらえることで、問題の解消が可能になる**

▒ 原因を取り除こうとしてもできないこともある

　母親がガミガミ言うことで、子どもが「もう、誰の指図も受けない」と"言う必要があった"のであれば、母親がそのように言わなければ、子どもは"言う必要がない状態"になります。

　では、母親を説得してガミガミ言うのをやめさせれば解決かというと、そこまで簡単な話ではありません。さきほどの母親のもとへ行き、「あなたがそんなふうに言うから、お子さんがあんなことを言うのですよ。子どもに反抗をやめさせたいのなら、あなたがガミガミ言うのをやめてみたらいかがですか？」と伝えたとしましょう。母親はこう言い返してくるかもしれません。

　「失礼なこと言わないでください。私だってうるさく言いたくないんですよ。でも、この子は受験生なのに、勉強しないでゲームばっかりやっているからガミガミ言わざるを得ないのです。私が何も言わなかったら、ますます勉強せずにゲームばかりやってしまうじゃないですか！　あなたは、『そんなふうに言うな』と言いますが、じゃあ受験に失敗したらどうやって責任取ってくれるのですか？」

　このように返されたら、あなたはどうしますか？　「わかりました。責任を取りましょう」と本気で答えますか？　あるいは、「ごめんなさい。さっきの話は聞かなかったことにしてください。私には責任取れないので、ご自由にど

8　　第1部　ブリーフセラピーの考え方に慣れる

うぞ」と逃げ帰ってきますか？ それとも、ほかの方法がありますか？

このように、問題の原因がわかったと思っても、問題を解決するのは簡単ではありません。正論"と思われる意見"を振りかざしても、ただ関係者を責めるだけで何の解決にもならないことは、多かれ少なかれみなさんも経験があるでしょう。

私たちは普段の生活で、「××が原因だったから、××をなくせばよい」と考えます。この考え方を**直線的因果論**といいます。普段、私たちは直線的因果論で問題を解決しています。腹が減れば何かを食べる、寒ければ服を着る、眠ければ寝る、などです。原因を取り除くことで、ほとんどの場合は問題が解決します。

しかし、無限に起きる問題のなかには、原因を取り除こうとしてもうまくいかない問題もあります。そのときに、原因を取り除くことだけを考え続けると、問題は悪化していきます。

原因を取り除くことにこだわると、長期化してしまう問題もある

原因を取り去ることができない問題とは

原因にこだわるとうまくいかない理由は何でしょうか。原因のなかに唯一絶対の原因があるわけではなく、とらえ方によっては、さまざまな解釈ができる場合です。ここでは典型的な2つの理由を紹介します。

理由①：さまざまな要因がからみ、原因を1つに特定できない

母親が子どもにガミガミ言うのは、子どもが言うことを聞かないからかもしれませんし、ほかの家族が子育てに無関心であるために言わざるを得ないのかもしれません。あるいは、母親自身が子どものころに親の言うことは何でも聞いて生活していたため、「子どもは親の意見に従って当然」という考えがあるのかもしれません。あるいは、母親自身が思春期のころに親に反抗ばかりしていて、そのことを後悔し、子どもには同じ思いをさせたくないと考えているかもしれません。「子どもは親の意見に従って当然」という考えをもたせたのは、

その母親の両親の育て方が原因とも言えます。母親の両親の育て方が原因なのであれば、その原因の原因は……。

このように、問題の根本的な原因を探そうとするのは、考えているだけで気が遠くなります。そもそも、原因の原因の原因の原因を突き止めたとしても、それで子どもがゲームをやめて勉強をすることになるでしょうか。

> **まとめ** 根本的な原因を特定することはできないし、
> 原因を特定した気になっても問題解決にはつながらない

理由②：関係者の視点によって原因と結果が異なる

先ほどの事例について、子どもの視点に立つと、＜親がガミガミ言うから「もう、誰の指図も受けたくないんだ」と"言う必要があった"＞と見ること"も"できます。いっぽうで、母親の視点に立つと、＜子どもが受験生なのに親の言うことを聞かないで勉強もせずにゲームばかりしているから、ガミガミ"言う必要があった"＞と見ること"も"できます（図1-1）。

このように、関係者それぞれの視点で問題の切り取り方が変わってきます。子どもは「ガミガミ言う（原因）から、逆らわざるを得ない（結果）」、母親は「子どもが逆らう（原因）から、ガミガミ言わざるを得ない（結果）」となります。外から聞いている限りでは、単なる家族げんかですが、けんかの当事者に

図1-1　視点が変わると原因が変わる

とっては原因と結果が正反対になっているのです。

> **まとめ**　原因と結果のとらえ方は
> 誰が受け手なのかで決まる

円環的な見方をすると効果的

　原因が結果になり、結果が原因になることを**円環的因果論**といいます。前の
ページで紹介した直線的因果論では原因が1つですが、円環的因果論で考えれ
ばどこからでも問題に介入ができます。

　このように物事の見方が変わることを**リフレーミング**とよびます。最近では
リフレーミングという用語も広く知られるようになってきました。「ネガティ
ブな事柄を味方に変えてポジティブにとらえることが大事」といった場合など
に使われます。しかし、「何かリフレーミングの言葉を入れよう」と無理に考
えなくても、円環的な見方を提示すること自体がリフレーミングになるのです。

> **まとめ**　円環的な見方を提示することで
> 自然なリフレーミングができる

IP というとらえ方

　問題の犯人探し・原因探しをしないブリーフセラピーの考え方を端的に示し
ているのが、問題を見立てるなかでの**IP**（identified patient：患者とみなされ
た人）という視点です。その人が悪いのではなく、その人を取り巻く相互作用
によって問題がつくり上げられ、悪役にさせられていると考えるのです。

　クライアントという言葉も使いますが、クライアントは来談者（相談者）の
ことを指します。先ほどのご近所の例では、もし母親が息子の進路や反抗的な
態度に関して相談に来れば、母親が「クライアント」となり、息子が「IP」と
なります。いっぽうで、息子が学校でスクールカウンセラーに「母親がガミガ
ミうるさくて、勉強する気にならない」と相談に来れば、息子がクライアント

第 1 章 ● 相互作用の視点をもつ　11

になり母親が IP になります。

 個人内ではなく関係性のなかで問題を
とらえることで解決策が生まれる

言葉以上に雄弁に語るもの

　本章ではご近所から聞こえる親子の言い争いを例に、ブリーフセラピーが見立てるコミュニケーションについて紹介しました。なお、もう一つ重要なコミュニケーションの要素に「伝え方」があります。

　親子の言い争いの例のなかで出てきたのは、「もう、誰の指図も受けない」という言葉でした。この言葉をより正確に表記するなら、
「もう、誰の指図も受けない！！」
という表記のほうがより正確かもしれません。もしこの表現が、
「もう、誰の指図も受けないよぉ〜」とか、
「もう、誰の指示も受けない(*^^)v」
などと書かれていたら、同じ「指図を受けたくない」という内容であっても、意味合いが変わってくるはずです。このように同じ内容であっても、表現方法によって受け手に与えるメッセージは変わってくるのです。

 同じ言葉でも表現のしかたによって
相手が受けるメッセージが変わってくる

第2章 受け手の立場から見る

カラスは貼り紙の注意書きに従うのか?

第1章では、近所から聞こえる親子の言い争いの声から相互作用について考えました。

ここからは別の事例を紹介したいと思います。今度は、家族ではなく人間とカラスとのコミュニケーションです。事例自体は、ブリーフセラピーとして行われたものではありませんが、非常にブリーフセラピー的な内容となっており、とても参考になる事例です。

■ 事例 ● カラスへの「侵入禁止」の貼り紙の効果

岩手県上閉伊郡大槌町の大槌湾に面したところに「東京大学大気海洋研究所国際沿岸海洋研究センター」があります。3階建ての研究センター最上段まで東日本大震災の津波が到達し、3階は復旧したものの、1・2階は窓の張替えなどはせず、がれき撤去後は物置となっていました。

カラスの被害が目立ち始めたのは、震災から4年後です。窓や扉もなくむき出しになった1階天井のパイプの断熱材がむしり取られ、羽根やフンが落ちるようになりました。

対策についてカラスの専門家に相談したところ、「『カラス侵入禁止』という貼り紙を出してみては」とアドバイスされました。

試しに貼り紙をつるしてみると、カラスは来なくなったそうです。発案者によると、警告文を目にした人間がカラスに視線を向けたり指をさしたりするため、警戒心の強いカラスは寄りつかなくなるそうです。

カラスは非常に賢い鳥であることが知られています。人間でいうと3歳児程度の知能レベルであるともいわれています。

いくら賢いカラスとはいえ、貼り紙を見て侵入をやめるのは不思議です。な

第2章●受け手の立場から見る　13

ぜこんなことが起きるのでしょうか。この事例には、ブリーフセラピーで重視している「相互作用」と「拘束」という考え方が影響しているのです。

> **まとめ** **相互作用の視点は対人関係だけでなく、動物にも活用できる**

私たちはメッセージに拘束される

　私たちが観光客として大槌湾を訪れ、散策中に「カラス侵入禁止」の貼り紙を目にする場面を想像してみましょう。

　この貼り紙を目にするまで、私たちは何をしていてもいいのです。一緒に行った人と楽しく話していてもいいし、少し気まずい空気で沈黙のまま歩いていても構いません。ほかにも、アイスを食べていてもいいし、スマホで何かを入力していてもいい、とにかく自由です。

　しかし、「カラス侵入禁止」という貼り紙を見たらどうでしょうか。まずは驚きや笑いなどの反応が出るでしょう。その次に「えっ、カラスいるの？　どこどこ？」「あっ、カラス発見！」「今はカラスがいないな」などとカラスを探し始めるのではないでしょうか。

　もし一人ではなく複数人だった場合、最初にカラスを見つけた人がそのカラスを指さし、「ほら、あそこにカラスがいるよ！」などとほかの人に教えるかもしれません。そして、教えられた人は、一斉に指さした先にいるカラスに注目するでしょう。そのまわりにいるまだ貼り紙に気がついていないほかの観光客も、私たちの視線につられてカラスを見たり、貼り紙に近づき内容を確認して同じ行動をしたりするでしょう。なかには、カラスに向かって「おーい、ここに入ってきてはダメだぞー」と大声でよびかける人もいるかもしれません。その結果、多くの人がカラスを見ながら会話をするなど、カラスに視線を向けて口を開く動作をすることになります。これらの行動は警戒心の強いカラスにとっては嫌なものであり、近寄らなくなった（ブリーフセラピー的にいえば、「カラスがほかの場所に行くように」もしくは「離れた場所にとどまるように」拘束した）と考えられます。

14 　第1部　ブリーフセラピーの考え方に慣れる

| まとめ | 何かメッセージを受け取ると、
人は反応してしまう |

メッセージの本質とは

　お気づきのように、「カラス侵入禁止」という貼り紙は、カラスに向けてのメッセージではなく、人間に対してのメッセージです。それも、「カラス侵入禁止」という文字通りのメッセージではありません。「カラス侵入禁止」という貼り紙を使って、その貼り紙を見た人に「空を見ろ」「カラスを探せ」「カラスを見つけたら指をさせ」……などの行動を促しているのです。このようにメッセージによって、いくつかの反応へ促すことを**拘束**とよびます。また、文字に書かれた「侵入禁止」という言語化されたメッセージではなく、いくつかの反応（指をさす、視線を向けるなど）をすることへ促す、言語化されていないメッセージを**メタメッセージ**といいます。この、拘束とメタメッセージという考え方が、ブリーフセラピーでは重要です。

| まとめ | メッセージには、
メタメッセージが含まれている |

人は何に反応しているのか

　具体的な人間に対する行動指示は書かれておらず、ただ「カラス侵入禁止」とだけ書かれた貼り紙を読んで、私たちはカラスを探したり指をさしたりするような行動をします。私たちは言語化されたメッセージだけでなく、言語化されていないメタメッセージに影響を受けているのです。

　先ほどの貼り紙の例でいえば、「カラス侵入禁止」という文字（言語）でなく紙質（色・大きさ・形など）、字体（書体、サイズ、色、向きなど）などの伝え方が人が反応する重要な要素となっています。ブリーフセラピーでは、文字や言葉を**テキスト**とよび、ここでの紙質や字体などの非言語を**コンテキスト**

第 2 章 ● 受け手の立場から見る　15

（文脈）といいます。

　テキストとコンテキストを分けて考えることはとても大事です。当たり前すぎて見落とされがちですが、カラスの事例では、ほかにも重要なコンテキストがあります。その1つが、「日本語でまじめに書いている」ことです（コンテキストは1つではなく、ほかにも多くのことが考えられます）。

　仮にカラスが理解できる言葉、いわばカラス語があるとして（少なくとも鳴き声は使い分けているそうなので、文字はなくても音声によるカラス語はあるようです）、そのカラス語で「カラス侵入禁止」と書いたならば、カラスの侵入を防ぐ効果があったでしょうか。私はカラス語で書いた貼り紙ではほとんど効果がないと考えます[注1]。

　まず、カラスが素直に守るとは思えません（あくまで個人の感想です）。また、そこを通りかかった人間がカラス語の貼り紙を見ても、カラス語が読めないので「何か書いてあるな」とは思っても、日本語とカラス語のバイリンガルでもない限り、カラスを探したり、指をさしたりするなどカラスを警戒させるような行為はしないでしょう。また、同じ「侵入禁止」という日本語の文字（テキスト）を、小さな付せん紙に書いて同じ場所に貼ったとしても、ほとんどの人は気がつかず見ないので効果的とはいえません。

　また、今回の例と同じサイズの紙で同じフォントを使ったとしても、「カラスを見つけて、カラスに向かって指さすか笑ってください」などと、意図をストレートに伝えても効果はないでしょう。「なぜそんなことをする必要があるのか」「カラスを刺激して、攻撃されたらこわい」などと考えて、テキストの指示に従わないはずです。場合によっては「客を危険にさらすひどい貼り紙だ」「カラスに対して失礼だ」などとSNSなどを通じて炎上するかもしれません。炎上した場合でも、言語化されたテキストのメッセージ通りに指さすといった行動ではなく、言語化されていないメタメッセージに人が反応しています。

まとめ　**人はメッセージではなく、メタメッセージに反応する**

問題行動をやめさせることはできるのか

　先ほどのカラス侵入禁止の例では、観光客にカラスのほうを見たり指をさしたりするようにメタメッセージを出すというものでした。一般的に、問題行動をやめさせようとする場合、何かを奨励するよりも禁止することが多いでしょう。実は、禁止を提案することは難しいのです。「ピンクの象を想像しないでください」と言われると逆にピンクの象を想像してしまうように、私たちの身体は、意志ではなくイメージに反応するため禁止されればされるほど、気になってしまうのです。

　ブリーフセラピーではコミュニケーションを重視しています。その背景には、ミルトン・エリクソンが行った催眠療法の影響を強く受けています。彼のセラピーではイメージをとても重視していました。「イメージが何を象徴しているか」ということではなく、イメージすることで身体に起きる変化に注目していたのです。

> **まとめ**
>
> **禁止すればするほど、
> 気になってしまう**

何かをやめるために不可欠なこと

　私たちが何かをやめるためには、何が必要でしょうか。たとえば、今みなさんは、ほぼ間違いなく私が書いたこの本を読んでいるでしょう。場合によっては、紙の書籍ではなくタブレットなどで読んでいるかもしれませんが、私の文章を読んでいることには間違いありません。

　では、この文章を読むのをやめさせるにはどうすればいいでしょうか。もちろん、最後まで読んでいただきたいのですが、みなさんに共通している動作を挙げて、その動作をやめさせることで誰かに迷惑をかけない例として、みなさんにこの文章を読むことを一旦やめてもらうことを考えてみましょう。

　直接的に「読むのをやめてください」と言えば、多くの人はやめるはずです。禁止すれば、ほとんどの人はその行為をやめます。しかし、ブリーフセラピーができるようになりたいみなさんは、そんな中途半端なところではなく、ある

第2章 ● 受け手の立場から見る　17

程度きりのよいページまで読み続けたいかもしれません。あるいは、人に指示をされるとつい反発したくなることもあるでしょう。さて、そういう人たちに、どのようにして一旦読むのをやめさせればよいでしょうか。

やってみましょう！

今、みなさんがこの本を座って読んでいるのならば、この先を読み進める前に「座り続けることをやめて」ください。電車やバスなどで立って読んでいる人もいるかもしれません。その場合は、周囲を確認して無理のない範囲で、「立ち続けることをやめて」ください。ベッドや芝生の上などで寝ころびながら読んでいる人は、「寝続けることをやめて」ください。さぁ、どうぞ!!
座り続けること（立ち続けること・寝続けること）をやめたでしょうか？

　実際に座り続けることをやめていただけたのであれば、あなたは今、立っているか、寝転がるか、うずくまっているのではないでしょうか？

　あるいは、ジャンプや逆立ちをしているかもしれません。立ち続けることや寝続けることをやめた方は、どこかに座ったのではないでしょうか？

　つまり、座り続けることをやめるためには、何か新たな動作をしているはずです。何も新しい行動をせずに座り続けることをやめることはできません。

　もちろん、これは座り（立ち・寝）続けることに限らず問題とみなされている行動でも同じです。私たちは、何か新しい行動をせずに、現在の行動をやめることができないのです。

　基本的に人は何かを禁止されればやめますし、すすめられれば実行します。しかし、禁止されてもやめられない、すすめられても実行できない場合があります。そのときには、「やめなさい」と言い続けるのではなく「だったら、こうしてみましょう」と提案することが大事なのです。

> **まとめ**　「やめなさい」ではなく、
> 別な行動を提案する

18　　第1部　ブリーフセラピーの考え方に慣れる

本を読むのをやめることができたか

　さて、実際に座り（立ち・寝）続けることをやめていただけたでしょうか。

　実験をやっていただけたのであれば、みなさんはこの本を読むことも一旦やめたはずです。ページを開いたまま本を伏せたり、しおりを挟んで閉じたり、一時的に本をわきに置いたのではないでしょうか。タブレットなどで見ている人も、一度は視線を外したでしょう。そのうえで、もう一度続きを読み始めたはずです（おかえりなさい!!　ご協力いただき本当にありがとうございます）。つまり、この実験自体がその前にお伝えした「本を読むのをやめる」ための提案でした。

　「本を読むことをやめさせる」ために、本を読む行為についてではなく、現在本を読んでいる姿勢について話題にしました。本を読む行為がターゲットであるならば、ターゲットそのものではなく、周辺の行動に介入することが有効です。

　なかには、座って本を読んでいたけれども読みながら立ち上がった、あるいは、立って読んでいたけれども読みながら座った方もいるでしょう。熱心に読み続けていただき本当にありがとうございます。この本は、ブリーフセラピーができるようになるため、片ときも本から目を離さずに読み続けるあなたのために書きました（このようにほめることで、読む気がなくなる人もいるでしょう）。

　今回は紙面での提案なので、相互作用が限られてしまいますが、カウンセリングであればさらに別の提案をするかもしれません。あるいは「外の天気や今の時刻などを気にせず、絶対に本から目を離さずに、読み続けてください」と言うことで、本から目をそらさせることもできるでしょう。あるいは、先ほどのように、目をそらさないことを肯定する方法を使うかもしれません[注2]。

> **まとめ**
>
> **別の行動を提案するためには、問題ではない周辺をあつかう**

第2章●受け手の立場から見る　19

図1-2　問題の悪循環図

正しいことは間違っている場合が多い

　第1章でガミガミ言う母親と「もう、誰の指図を受けない」と反発する子どもの事例を紹介しました（→ P6参照）。子どもは母親にガミガミ言われたくないから「誰の指図も受けない」と反発し、反発する子どもに対して母親は素直に従わせようと小言を言うのです。そして、母親がガミガミ言うほど子どもは反発し、子どもが反発するほど母親はさらにガミガミ言うようになっていきます。子どもは「指図は受けない」と宣言して、母親を黙らせようとし、母親はさらにガミガミ言うことで子どもを従わせようとします。問題を解決しようとすればするほど悪化していくのです。
　ブリーフセラピーでは、この働きかけを**偽解決**や**解決努力**とよび、問題行動をやめさせようとするが続いてしまっている状況を**悪循環**とよびます（図1-2）。

**やめさせようとする対処が
悪循環になる**

素直にやめられないときに大事な視点

　先ほどの座ることをやめた例のように、何かをやめるためには何かを始めなければいけません。しかし、私たちは何か不適切な行動があるとついついやめることだけを考えてしまいます。

赤ちゃんが泣いているときに、あやしたり、おもちゃなどほかの方法で興味を引くことをせずに、泣くのをやめるように叱りつけたり、力ずくでおさえたら、泣きやむどころかさらにひどく泣くでしょう。虐待の多くがこのように問題をやめさせようという発想から生じます。

　問題行動をやめさせようと働きかけているのに、問題行動が続いている場合は、そのやめさせようとする働きかけが「問題行動を続けろ」というメッセージになっているとみること"も"できます。

「やめなさい」というメッセージが「続けなさい」というメタメッセージになりうる

　問題行動をやめさせようとする対処が悪循環を生むことがわかりました。ここからは、より具体的な例で、問題の悪循環について一緒に考えていきましょう。

考えてみましょう　その1

老人施設でのことです。認知症があるAさんは、一度話し始めると同じ話を繰り返し話し続けるため、介護スタッフたちは困っていました。「その話はさっき聞きましたよ」と言うと、「言ってない。誰がそんな話をしたんだ」などと怒り出し、ほかの仕事があるので介護スタッフがその場を離れようとすると「まだ話が終わってないぞ。最後まで聞け!!」と大声を出すのでした。怒り出したAさんに対してスタッフは、「その話はさっき聞いたの。もうわかっているから大丈夫ですよ」などと繰り返しやさしく説得しますが、Aさんの怒りは収まりません。結局、最後はAさんが怒って自分の部屋に戻ってしまうか、Aさんが疲れて話をやめるまで介護スタッフが一人聞き役として張りつくことになります。

問題

①この場面で、IP（問題とみなされている人）は誰でしょうか？
②ここでの問題は何でしょうか？
③ここでの対処行動（偽解決・解決努力）は何でしょうか？

第2章 ●受け手の立場から見る　21

さて、考えていただいたでしょうか。いろいろな考え方があると思いますので、唯一絶対の答えというものはありません。まずは、考えることが大事です。ご自身なりの答えを考えたうえで、次の事例をご覧ください。

■ 事例 ● 認知症患者へのエアインタビュー

　認知症があるＡさん。Ａさんは話し始めると、同じ話を繰り返し話し続けるので周囲の介護スタッフたちも困っていました。話をずっと聞いていると仕事にならず、途中で切り上げようとすると怒り出してしまうからです。

　ある日、新しいスタッフが、Ａさんのそばにやってきました。Ａさんはそのスタッフにいつものように話しかけました。ある程度話を聞いたところで、そのスタッフは、手にしたペンをマイクのように握り直し、「なるほど。して、旦那様のご職業は何を？」とＡさんにその手を差し向けました。

　すると、Ａさんは突然背筋を正して「わたくしは…」と緊張した表情で話し始め、さらにいくつかの質問に答えると、スタッフは「では、最後の質問となります」と簡単な内容を質問しました。Ａさんが答えたところで「ご協力感謝いたします。またよろしくお願いします」とＡさんに伝えると、スムーズにその場を離れることができました。

　その日から、ほかのスタッフもＡさんの話をさえぎらず、いくつかの質問をするように心がけました。Ａさんの表情も穏やかになり話も短くなりました。

　さらに、インタビュー形式にすることで、これまでは話したがらなかった家族のことなどが語られ、思わぬ情報収集もできるようになりました。

　この事例では、Ａさんが同じ話をしないように「さっきも聞きました」と伝えても、Ａさんは納得するどころかむしろ怒り始めました。話した内容を忘れてしまったり、怒りやすくなったりするのは、認知症の症状として仕方のないことかもしれません。しかし、怒られたり、ほかの仕事に支障が出るようではスタッフも困ってしまいます。

　この事例を悪循環でとらえた場合、Ａさんは同じ話を繰り返し、介護スタッ

22　第１部　ブリーフセラピーの考え方に慣れる

フは「聞きましたよ」と話をやめさせようとしていました。ブリーフセラピー的にいえば、「Aさんの話をスタッフがさえぎる行為」には「怒れ」「話を続けろ」というメタメッセージがあったとみること"も"できます（図1-3）。

図1-3　認知症患者とスタッフの悪循環

新しく入ったスタッフはAさんの話をさえぎることをせず、その代わりに質問をしました。つまり、「話をさえぎる行為」に含まれている「怒れ」「話を続けろ」というメタメッセージを送らなかったのです。むしろ「もっと話すように」と働きかけたのです。その結果、Aさんは怒ることも同じ話を続けることもなくなりました。

この事例は、ブリーフセラピーの面接で実行されたわけではありません。ブリーフセラピーを知らないスタッフのアイディアをブリーフセラピーの視点から切り取っただけです。つまり、ブリーフセラピーをまったく知らない人でも、普段からブリーフセラピー的なコミュニケーションをしているのです。

まとめ　**悪循環を断ち切ることは誰にでもできる**

メタメッセージの重要性と悪循環

　本章では、カラスに対する貼り紙の効果から、人間はメッセージではなくメタメッセージに反応していることを紹介しました。そのうえで、「問題行動をやめさせる」ための"一見すると常識的な"働きかけに、「問題行動を続けろ」というメタメッセージが含まれることがあることを示しました。

　そして、やめさせようとする行為によって問題が続いてしまう悪循環について考えました。

　認知症患者とスタッフの例では、話をやめさせようとした働きかけが話を続けさせ、質問によって話をうながすことで話をスムーズに終わらせることができました。

　前章と合わせることで、相互作用で問題をとらえ、問題解決のためには禁止ではなく何かを提案することが重要であるとご理解いただけたでしょうか。

　本書は「わかること」ではなく「できること」を重視しているため、それぞれを理解できなくても構いません。もちろん用語を暗記する必要もありません。まずは、「そういう見方"も"できるな」と実感できれば、それで充分です。

24 | 第1部　ブリーフセラピーの考え方に慣れる

第3章 問題のまとめ方と区切り方

　ここまで、人や環境との相互作用について紹介し、問題に対処することで問題を維持させる悪循環ができる経緯について説明しました。図1-2の悪循環図を確認するなかで、「問題と対処をそれぞれ1つにまとめることは適切なのか」「ひとくくりにしていい場合と、分けて考えるほうがいい場合との違いはあるのか」といった疑問をもつかもしれません。

　ブリーフセラピーを行ううえで、対処行動をどうまとめるかは非常に大事な作業になります。そこで、本章ではまとめ方について考えていきましょう。

対処行動をひとくくりで考える

　前章で紹介した認知症患者とスタッフの悪循環の図（→ P23参照）について振り返ってみましょう。同じ話を繰り返すAさんへの対処行動に関して、「話をさえぎる」という枠にまとめました。しかし、各スタッフは、「その話はさっき聞きましたよ」「またその話ですか」「他の仕事があるので、また今度聞かせてくださいね」などと実際は異なる声かけをしていました。Aさんと、各スタッフの関係性によって、むげに断ったり、やさしく断ったり、さまざまでした。これらの異なる対応を「対処」とひとくくりにするのは乱暴に見えるかもしれません。しかし、心配は無用です。

　重要なことは**受け手が主役**であるということです。つまり、「Aさん（受け手）が話をさえぎられた」と受け止めた（と考えられる）スタッフの言葉や行動は、まとめて1つにくくることができます。

　「カラス侵入禁止」の貼り紙の例も見てみましょう。観光客が貼り紙を見て、カラスを探して見つけたら、カラスに向かって指をさしたり、口を開けて笑ったり、「侵入禁止だぞ」とカラスによびかけることでカラスは近づかなくなりました。

　このときに、カラスに向かって指をさす、笑う、よびかけるなどの行為は、

第3章 ● 問題のまとめ方と区切り方　25

それぞれまったく異なっていますが、どれもカラスにとっては「警戒しろ」というメタメッセージが含まれているので1つにまとめることができます。

ちなみに、この1つにまとめた集まりを**クラス**とよび、クラスのなかの一つひとつ（先ほどの例で言えば、違う表現方法や違う文章）を**メンバー**とよびます（図1-4）。

図1-4 「カラス侵入禁止」のコミュニケーション

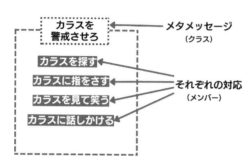

まとめ　まとめて考えることで、
ふさわしい対応を考えやすくなる

メッセージの送り手ではなく受け手の視点に立つ

クラスにまとめる際に重要なことは、「どういう意図でメッセージを伝えたか」ではなく、「どのような意図だと伝わったか」という受け手中心の理解です。つまり、どんなに立派な意図が込められていても、受け手に伝わっていないと意味がありませんし、もし違うメッセージが伝わったのであれば、それは受け手が悪いのではなく、送り手の問題"と考えます"。

■ よくある不登校の事例

子どもの不登校に悩む保護者がいました。毎朝、「今日はちゃんと学校に行きなさいよ」と子どもにしつこく声をかけますが、効果がありません。

26 ｜ 第1部　ブリーフセラピーの考え方に慣れる

よくある、登校刺激の悪循環（図1-5）です。もちろん、朝、子どもに声をかけることは悪いことではありません。多くの家庭では「そろそろ起きなさい」とか「遅刻するから早く学校に行きなさい」といった言葉かけは、子どもの登校にプラスに働くでしょう。

しかし、保護者の声かけがプラスに働かない場面もあり、子どもの不登校の問題が膠着化することがあります。このときに、保護者は手を変え品を変えて、子どもに働きかけます。たとえば、図1-6のようにバリエーションを変えてきます。

しかし、これらは効果的でしょうか？　私が子どもの立場ならば、どれも「またかよ。うっとうしいな」と思うかもしれません。あるいは「僕が学校に行きたくないことをわかってくれない」と思うかもしれません。違ったことをしていても結局は同じ結果（子どもは学校に行かず、親子関係も悪化）になります。

図1-5　登校刺激の悪循環

図1-6　登校刺激のバリエーションの（ごく一部）

```
声の低さを変えて伝える
イントネーションを変える
学校に行ってほしい思いを歌にする
踊りながら伝える
母親ではなく父親が言う
怒鳴る、ささやく、手紙で渡す、SNSで送る、
「お願いだから学校に行って」と頼む
「登校した方がいいと思うけどなぁ〜」とつぶやく
寝ている子どもを布団のまま玄関から放り投げる、
                                …など。

※これらは実際に保護者から語られた内容です
```

ここでは、一般論として不登校がよいか悪いかという議論は棚上げをします。保護者が「子どもの不登校について相談したい」と来談しているという前提なので、その保護者にとって子どもの不登校は間違いなく問題なのです。この事例でもあくまで受け手主体で問題をとらえます。

　保護者は、手を変え品を変えているつもりですが、「登校刺激」というクラス内でメンバーチェンジをしているだけなのです。やっていることは、どれも「学校に行け」というメッセージです。

　「もう、お前の勝手にしろ、行きたくないなら行かなきゃいいだろ」「学校に行かないならおやつ抜き」などという働きかけも子どもにとっては「学校に行きなさい」というメッセージと変わらないため、同じクラスに入るのです。

> **まとめ**　受け手に同じメッセージが伝わったなら、
> それは同じクラスにまとめられる

違うように見えて結局は同じ場合が多い

　カウンセリングで相談者から「もう、思いつくことはすべてしました。これ以上できることはありません」という主旨の話を聞くことがあります。そこでくわしく話を聞くと、実は先ほどの事例のように、同じクラスのなかでメンバーを変えているだけの場合がほとんどです。

　同じクラスのなかで右往左往することは、仕方がないことです。先ほどの例で言えば、子どもの不登校で悩んでいる場合は「学校に行かせる」というクラスのなかで方法を選ぶことになるのは当然です。ほかにも、何かの依存に悩んでいれば、「使うな」というクラスのなかで方法を選ぶことになります。依存に悩んでいるときに「さらに強く依存させよう」とは考えないでしょう。

そのため、違うようなことをやっていても、結局は似たような偽解決を行い、同じクラスにまとめられるのです。

> **まとめ**　問題を解消させようとすれば
> 同じメッセージになる

28　｜　第1部　ブリーフセラピーの考え方に慣れる

考えてみましょう　その2

さて、次の【よくある失敗事例】を読んで以下の３つについて考えてみて
ください。

①カウンセラーの提案の問題点はどこでしょうか？

②なぜ、失敗に終わったのでしょうか。次の空欄を埋めてください。

　母親の働きかけをひとくくり（クラス）にすると、　　　　　　だから。

③今後、同じような失敗しないようにするためにはどのような対応を心掛
けたほうがよいでしょうか。

■ よくある失敗事例

　子どもの不登校に関する保護者とのカウンセリングの事例です。保護者
は子どもに対して、朝たたき起こしたり、学校に行くように声をかけると
いった、いわゆる登校刺激をしていました。

　そこで、カウンセラーは「朝、お子さんをたたき起こしたり学校に行く
よう声をかけたり登校刺激はしないでください」と提案しました。

　保護者はカウンセラーに言われた通り、次の日から子どもをたたき起こ
すことや、学校に行くように声をかけることをやめました。しかし、保護
者の子どもに登校してほしいという思いは変わりません。

　そこで保護者は、朝子どもの部屋に行き、たたき起こす代わりにカーテ
ンを荒々しく音を立てて開け放ち、布団のなかで寝たふりをしている子ど
もを見下ろします。そして、深いため息をつき「カウンセラーが『起こさ
ないで見守れ』っていうから起こさないけどさ、あぁ～あ、もう知りません。
そうやってずっと寝たふりしていなさいよ……」と大きな声で独り言を吐
き、ドアをバタンッと大きな音を立てて閉めて子ども部屋を出たのでした。

　不登校が改善するどころか、親子関係はさらに悪化し、子どもは部屋に
鍵をかけ保護者が立ち入れないようにしたうえで、ほとんど部屋から出て
こなくなりました。

　次の面接で、保護者は「カウンセリングで言われた通り、登校刺激は与え

第３章 ● 問題のまとめ方と区切り方　｜　29

ていません。でも、子どもは部屋から出てこなくなってしまいました。もう、どうしたらいいのかわかりません」といい、面接を中断してしまいました。

　上の【よくある失敗事例】の何が問題なのか、「クラス」と「メンバー」の視点で考えれば、わかります（→解答例はP42参照）。保護者が、声かけをやめる代わり、カーテンを大きな音を立てて開け放ち、大きなため息をつき、聞こえるように独り言を吐くのは、「登校刺激」のクラスに入るのです。子どもにとっては、これらすべてに「学校に行け」というメタメッセージが含まれているのです。

　保護者は「今までと違うことをしている」と思っていても、結局は同じクラスのなかで、表現を変えただけなのです。

> **まとめ** 受け手にとって似たような印象を与えるなら、
> それはまとめることができる

提案方法を工夫する

　【よくある失敗事例】では、カウンセラーは登校刺激の悪循環を見立て、登校刺激をしないようにはっきりと提案しています。

　しかし、この提案そのものが登校刺激の直接禁止をしており、失敗しました。禁止ではない提案の仕方が必要だったのです。

> **●ポイント** 一般化することで先回りできる

　たとえば、「朝は、ご家族も忙しいでしょうから、家事に集中して構いません。次回の面接までは、ご自身のことを最優先で考えてください」などと伝えることで、子どもへのそれまでと同様の声かけを防げるかもしれません（→P66参照）。また、保護者がやりそうなことを先回りして伝えておくといいでしょう。たとえば、「見守るといっても、ついつい部屋のカーテンをうるさく開けたり、寝ている子どもに聞こえるように独り言で嫌味を言ったりする親御さんも結構います。それをやってしまうと大きなマイナスなので、注意してください…★」

30 ｜ 第1部　ブリーフセラピーの考え方に慣れる

などと伝えます。

> **・ポイント**　実際にできそうなことを聞く

　こちらから提案することも重要ですが、できないことを提案しても仕方がありません。できることを提案するために、実際に相談者に何ができるかを聞くとよいでしょう。

　先ほどのセリフの★につなげて、「たとえば、どんなことができそうですか？」あるいは「『あれ、いつもと何か違うな』とお子さんが思うようなインパクトのあることは何かありますかね？」などと、聞いてみるといいでしょう。

▥ まとまり（システム）の特徴を理解する

　相互作用によって関係しているまとまりを**システム**といいます。システム内の相互作用には、何らかのルールがあります。それは、国家における法律やスポーツチームにおける作戦などのように、言葉によって明示されているものもありますが、家族システムでは暗黙のルールの場合もあります。たとえば、食卓で座る位置や、テレビのリモコンの優先権、食事は誰がつくる、洗濯は誰がいつする、父親を「おとっつぁん」と呼び、母親を「ママ」と呼ぶなど、その家族なりのルールがあります。

　いっぽう、家族のなかでも夫婦にだけ共有されているルールがあったり、母親と子どもだけの「パパには内緒」というルールがあるかもしれません。これらも１つのシステム（家族内のサブシステム）になっています。職場でも、会社という大きなシステムのなかに、部・課・係といったそれぞれのシステムがあり、職場のなかでも同僚だけで上司の悪口を共有する（この仲間以外には漏らしてはいけないというルールをもつ）システムがあったり、派閥（Ａさんと同じ考え方で同じ行動をとる）というシステムがあるかもしれません。このように、システムはいくつにも切り分けることができるのです。

> **まとめ**　日常にはさまざまなレベルの
> システム（意味のあるまとまり）がある

第３章 ● 問題のまとめ方と区切り方　31

▒ 変わろうとしても結局変われないのはなぜか

　今までと違うことをやってみても、最終的には同じ結果になる場合が多いことをお伝えしました。似たり寄ったりのことをして同じ結果になることは、仕方がないことですが、生活のなかでは「心機一転、新しいことをしてみよう」と思っても結局は同じ結果になることがあります。

■ 現状維持：その1

　いつも勉強をせずゲームばかりする子どもに対して、親は「ちゃんと勉強をしなさい」と口うるさく言っています。ある日、子どもは「今日は宿題やろうかな」と自ら宿題に取りかかりました。すると、それを見た親が「あら、めずらしい。あなたが勉強をするなんて、明日雨降っちゃったらどうしましょう」と言いました。その言葉を耳にした子どもはすっかり勉強する気を失い、自分の部屋にこもってしまいました。そして、また翌日以降、親は「勉強しなさい！」と子どもに言い続けるのです。

■ 現状維持：その2

　ある保護者は、子どもが学校に行かないことを毎日SNSでつぶやいていました。ある夜、子どもは「明日はちょっとだけ学校に行こうかな」と言ったそうです。それを受けて、その保護者は「急に学校に行くなんて言い出して、頭でも打ったのかしら？」とつぶやきました。

■ 現状維持：その3

　子どもがお手伝いに興味をもち始めました。そして、「料理をつくりたい」と言いました。それを聞いた保護者は「準備や後片づけが大変になる」と思い、うんざりした表情で「いいよいいよやらなくて」と言いました。
　今日も子どもは手伝いをせず、遊んでばかりいます。

32 ｜ 第1部　ブリーフセラピーの考え方に慣れる

保護者の「あら、めずらしい」も「頭でも打ったのかしら？」も、別に嫌味を言って子どものやる気をそぐ目的はなかったのでしょう。変化しようとするときにはなぜか変化をさせずに元に戻そうとする力が働くのです。この働きは、誰かの性格が悪いからでも、意地悪をしているからでもなく、システムに備わった力とみること"も"できます。

　普段の健全な状態の場合は、この元に戻そうとする力は役に立ちます。たとえば、寒ければ温度を上げる、暑ければ温度を下げるといった、エアコンの自動運転のように、一定の範囲を逸脱しないように維持することで快適な生活ができます。家族のなかでもけんかをしても、いつもなんとなく仲直りをする、暴力をふるいそうになっても落ち着くなど、人間関係もシステムが維持できるように力が働いています。

　しかし、先ほどの事例のように「勉強をしない」「学校に行かない」「手伝いをしない」といった"その家族にとって問題と見える"状況を維持してしまうことがあります。それは、まるでエアコンの温度設定を12℃とか、35℃に設定しているようなもので不快な状態を維持し続けているのです。虐待やいじめの事例において、被害者が苦しんでいることがわかっていながら関係者が見て見ぬふりをすることがあります。その際も多くは「（加害者に）嫌われたくない」「自分がターゲットになりたくない」などの理由で今の状態を維持したいという力が働くと"も"考えられます。

　先ほど紹介した現状維持の例について、その1は「勉強をしない」、その2は「学校に行かない」、その3は「手伝いをしない」というルールを維持しているとみること"も"できます。もちろん、それぞれ保護者と話をすれば、「勉強をしてほしい」「学校に行ってほしい」「どんどん手伝いをしてほしい」と言うでしょう。しかし、システムとしては「〜させない」状態で安定しようという力が働いているのです。このように同じ状態を維持する働きを**システムの一次変化**といいます。

> **まとめ**　**メンバー各自の思いなどとは別のシステムの力が働いて、システムを安定させようとする**

第3章 ● 問題のまとめ方と区切り方　33

堂々巡りを抜け出すためには

このように伝えると、「手を変え品を変えたとしても、何もやっても無駄ということか。それでは、手の出しようがない」と悲観的に受け止める人もいるでしょう。

実は悲観するどころか、個人ではなくシステムの力があるからこそ問題解決が容易になることがあります。特に原因を取り除くことで解決手段がうまくいかない問題には、個人の性格改善や気づきなどが必要ないため、短期間で劇的な改善がみられることがあります。

システムの設定を変えると快適になる

システムの境界線となるもの

ルールを共有するまとまりがシステムです。システムを区切るのは「何かを知っているか、知らないか」の違いとなります。つまり情報の有無が、システムの境界をつくります。学校の教室で、みんな仲よく話しているにもかかわらず、一人だけ口もきいてもらえない、いわゆる無視された状態になると、そこには明らかな境界ができ、「いじめる側」と「いじめられる側」に分かれます。

家族問題の１つのパターンとして、分離不安・母子密着（図1-7）があります。この状態をシステムの視点でみれば母と子で何らかの秘密を共有しています。ある家庭では「学校を休んでいることをパパには内緒にすること」を共有

図1-7　母子密着状態

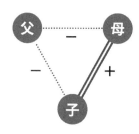

しており、またある家庭では「好きなアニメやアイドルグループの話題」を共有しています。

その結果、母子だけのサブシステムがつくられ、父親はシステムの外に位置するのです。その結果、母子の関係が密になります。そのため、夫婦連合をつくる（夫婦で情報を共有する）ことによって、母子分離がはかられることがあります。

情報共有することでサブシステムは決まる

システムが安定するには

システムをとらえる際のポイントは、2者関係ではなく3項関係（3者関係）でみることです。3項関係（図1-8）にすることで、システムが見立てやすくなります。3者を三角形に並べて、それぞれの関係が良好であればプラス（＋）、不良であればマイナス（－）で表します。

三角形のそれぞれの符号をかけて、合計がプラスになるとシステムは安定します。つまり、関係性が安定するのは、全員の関係が良好である（全部がプラス）か、1組だけが良好であとは不良（プラスが1つで、マイナスが2つ）の場合になります。

先ほど例に挙げた母子関係を父親も含めた3者で考えてみましょう。

母子関係が安定すればするほど、夫婦関係は不良になっていきます。また、

図1-8　良好な3項関係

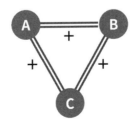

"一つの方法として"夫婦関係を改善することで母子密着も改善されます。

関係者が協力するには

3項関係でとらえる利点は、2つあります。

1点目は3人以上であれば、何人であっても成り立つことです。

たとえば図1-9の場合、三角形ABC、ABD、ACD、BCDそれぞれの三角形の符号の合計はプラスになります。こうなると対立関係のまま安定していくのです。母子密着の事例では、父と姑の関係が強い場合も多くあります。この場合に、夫婦関係を良好にすることで、4人の関係が改善することがあります（→P145〜159の事例参照）

2点目は、人ではなくても3項関係が成り立つことです。

親・子・学校という3者関係もできますし、関係者A・関係者B・問題という3者関係にすることもできます。

図1-9　険悪な関係

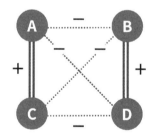

ひきこもりの事例

両親からの相談です。息子（17歳）は、高校で部活内のトラブルをきっかけに不登校となり退学。その後、外出どころか家のなかでもほとんど会話がなく、自室にこもってゲームばかりやっているそうです。食事は家族と時間をずらして食べています。ほぼ昼夜逆転の生活で、夜の動画配信を見たりオンラインゲームをやっているとのことでした。

母親は息子に声をかけるものの、最近は「うるせぇ」と言われることもあり、恐怖を感じてあまり刺激をしないように過ごしています。

　父親は、営業一筋でこれまで土日も含めて仕事中心の生活となり、あまり子どもと関わっていなかったと言います。ちょうどコロナ禍になり、客先への訪問ができず在宅勤務でオンラインでの業務が中心になりました。これまでと一転して平日も家で仕事をすることも増えており、今まで母親にまかせてしまっていた分、これからは父親が中心に対応したいと考えました。しかし、具体的にどうすればいいか困っていて、相談を申し込んだとのことでした。

　カウンセラーは父親に在宅勤務に変わったことで、仕事がどのように大変になったかをたずねました。父親いわく「元々、パソコンなどのデスクワークは苦手で、ゴルフとお酒の力で商品を売ってきました。オンラインの商談が増え、部下のマネジメントもパソコンで行わなければならず、ずっと家にいるのも慣れていないので、毎日が長く感じる」とのこと。いっぽう、息子は自分でパソコンを自作し、動画の編集などもやっているようだと言いました。

　カウンセラーは、両親そろって相談に来たこと、そして子どもの将来を真剣に心配していることなどを肯定したうえで、カウンセラーから父親に次のような提案をしました。

　「パソコンでわからないことがあれば、息子さんに手伝ってもらいましょう。息子さんに指示をするとかではなく、息子さんの助けを借りる感じでやりにくいかもしれませんが、お願いをする感じでやさしく聞いてください。そして、次回の面接までに1回だけでいいので、息子さんがリビングで食事をしているときに、パソコンで苦手なところなどの愚痴を息子さんに聞いてもらってください」と伝えました。

　2週間後の面接では、父親が息子にオンライン会議で、ときどき画像が固まることを相談したところ、息子もオンラインゲームなどで何度か不具合があって困っていたようで、「そうなんだよ！　ルーターを変えよう」と息子から返事があったそうです。父親が「よくわからないから代わりに準備してほしい」と息子に頼みました。一緒に家電量販店にいき、息子に機材

第3章 ● 問題のまとめ方と区切り方　　37

を選んでもらい、自宅での設定までまかせたそうです。また、表計算ソフトの使い方がよくわからないと言ったところ、代わりにつくってくれたとそうです。

　この事例では、息子がゲームや動画に夢中になったことに対して、最初は禁止や制限をしていました。その結果、親子関係も悪化している状態でした。そこで、息子がパソコンにくわしいことを利用して、相談をしたところ親子関係も改善していき、一緒に買い物に出かけることができました。
　この場合は、親子がパソコンを通して、関係を良好にした事例ですが、ほかにも、親が子どもの好きなアニメやアイドルに興味をもつことで関係が改善する事例もあります（図1-10）。
　お互いに良好な関係を築くことで、三角形が安定することばかりではありません。共通の敵をつくることで関係が安定することもあります（図1-11）。いわゆる「敵の敵は味方」などというのも、この3項関係で理解できます。学校

図1-10　趣味を通して改善した親子関係

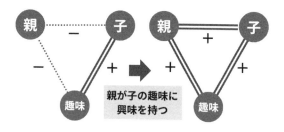

図1-11　敵をつくって連携する

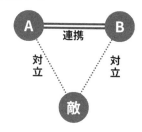

のいじめも誰かをターゲットにすることで連携したり、政治や国際問題などでも仮想敵国をつくることで団結するなど、例を挙げればきりがありません。

コロナ禍以降、すっかり死語となりましたが「飲みニケーション」も料理やお酒など共通のものを味わい、上司や取引先を敵にして愚痴を言い合うことで関係を強化していたとみることもできます。

SNSなどで自分に直接関係のない話題に関して炎上させるのも、何かをターゲットにすることで自分は攻撃されず誰かと連携したいとみること"も"できます。

健全な敵のつくり方（問題を外在化する）

誰かを敵に仕立て上げて団結することは、先ほど例に挙げたように、いじめなどにつながり注意が必要です。しかし、人ではなく問題行動をターゲットにすることで、バラバラだった関係者が一致団結し協力することができます。それが**問題の外在化**です。

問題の外在化というのは、問題を、虫や妖怪などにたとえることで、イライラするのはその子が悪いのではなく、その子のなかにいる「イライラ虫」が悪いなどというストーリーで関係者が協力して問題解決をできるテクニックです。この問題の外在化も3項関係で考えると非常によくわかります。

図1-12をご覧ください。左側の四角形は、問題がIPに内在化している状

図1-12　問題の外在化

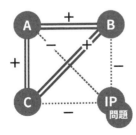
IPと問題が一緒
みんなでIPを責める

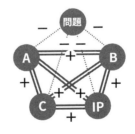
問題が外在化されている
IPと一緒に問題を解決する

第3章●問題のまとめ方と区切り方　｜　39

態です。このままでは、問題を否定するためには、IP を否定せざるを得なくなります。いっぽうで、右側の五角形は問題が IP から離れて（外在化して）おり、IP も含めて関係者みんなが協力して問題解決を目指すことができます。3 項関係でみると、問題の外在化をすることはとても理にかなっていることがわかります。

> **まとめ** 問題の外在化をすることで
> 関係者が良好な関係を築き問題解決ができる

外在化で大事なこと

　外在化がうまくいかないというカウンセラーの失敗談もよく聞きます。うまくいかない理由を探ると、「虫退治のメタファーを入れようとしたのですが、フィットしませんでした」「ばい菌にたとえようと試みたのですが、苦笑いされただけで終わってしまいました」といった場合があるようです。確かに、問題について深刻に悩んで相談に来たクライアントにとっては、提案次第ではうまく外在化の意図が伝わらない場合“も”あるでしょう。虫退治などの提案がうまくいく事例を拝見していると「これは、うまくいくよなぁ」とクライアントとの関係性の取り方や提案方法などが、非常に丁寧です。当然ながら「提案しないほうがよいときは絶対に提案しない」という当たり前の判断ができているため、結果としていつも成功するのです。

　関係性の取り方や提案方法をまだ上手にできない場合でも、問題の外在化をあきらめる必要はありません。先ほど説明したように、問題の外在化とは「問題とみなされた人」から「問題」と「人」に分けることが目的です。したがって、虫や妖怪などにこだわらなくても、問題を人から切り離すことができるのなら、それでいいのです。

> **まとめ** 人と問題を切り離すことで、
> 問題だけを攻撃できるようになる

40 ｜ 第 1 部　ブリーフセラピーの考え方に慣れる

外在化は虫や菌や鬼だけではない

　私の場合は、よく問題を「地雷」にたとえます。具体的には、「誰かに、地雷を踏まれるとイライラしちゃうと思うのですが……」と前置きをしたうえで、
「どんなときに地雷を踏まれますか？」
「家族のなかで一番地雷を踏みやすい人は誰ですか？」
「どんな場面に地雷が隠れていますか？」
「地雷を小さくするにはどうすればいいでしょうか？」
「もし、地雷を踏んでしまったら、被害を小さくするためにできることは何でしょう？」
「学校と家とどちらに地雷が多いですか？」
「地雷を撤去するためにできることは何かありますか？」
などと、質問をしていきます。このようにすれば、イライラしてしまう本人ではなく、地雷に問題を外在化できます。虫などにたとえるよりもこちらのほうがわかりやすく、イライラ虫よりは耳馴染みがよいのでうまく場合があります。

**たとえ（メタファー）を使うなら
受け手のイメージしやすさが大事**

外在化にこだわる必要はない

　地雷などのメタファーを使わなくても、個人が問題の原因ではなく悪循環が生じていることが問題だという見立てを伝えること自体が、問題を個人に内在化して考える視点から「悪循環が問題だ」と外在化しているともいえます。

　このように問題と人を切り離すことが目的だと考えれば、虫やばい菌や鬼などにたとえることにこだわる必要はありません。むしろ、虫などに外在化することで、虫などが原因だという直線的因果論に陥り、解決しにくくなることさえあります。

**相互作用を重視すれば、
自然と外在化できる**

第3章 ● 問題のまとめ方と区切り方

クラス・メンバー・システム・外在化

　本章では、システムについて紹介しました。問題の原因を個人の内面ではなく相互作用をみるうえで、システムのとらえ方はとても重要です。

　相互作用・悪循環・システムと、ここまででひと通り、ブリーフセラピーの考え方をお伝えしました。繰り返しになりますが、暗記する必要もなく、深く理解できなくても大丈夫です。筋肉の名称と働きがわからなくても歩くことができるように、まずは動いてみることです。

　おそらくあなたが、これから歩いているときに近所から「もう、誰の指図も受けない」という言葉が聞こえてきたら、この本を読む前とはとらえ方が変わっているはずです。

　たとえ「こんなセリフ本当に言う人がいたのか！」という驚きでも構いません。それも、本書を読んだからこそ生まれる感想です。このように、私たちは、常に何かに影響を受けてコミュニケーションをしているのです。

P29【考えてみましょう　その2】解答例

①カウンセラーは「やめましょう」と言うだけで、具体的な行動を提案していないから、母親が同じクラスのなかで違う対応を行ってしまった。
②登校刺激になる。
③行動をやめさせるのではなく、具体的な行動を提案する。

注1：文字ではなくカラスの鳴き声を使ってカラスを撃退する取り組みは、複数の自治体で行われている。そこで使っているのは「警戒すべきことを仲間に知らせる鳴き声」だそうで、ここでも、「警戒しろ」というカラス語（鳴き声）が、それを聞いたカラスにとっては「ほかのところに行け」というメタメッセージになっていることがわかる。

注2：読むのをやめるだけではなく、今回のワークでは、一時的に読むことをやめたうえで、再度読み続けてもらう必要があった。「座るのをやめてもらう」ことで、読むのを一旦やめただけでなく、またすぐに読み始めた人が多いのではないだろうか。

第2部

ブリーフセラピーの
道具を手に入れる

第4章
ダブルバインドとパラドクス

第5章
ソリューション・フォーカスト・
アプローチ

第4章 ダブルバインドとパラドクス

　第1部では、ブリーフセラピーにおけるコミュニケーションの考え方について見てきました。ブリーフセラピーにおいては、「どういう意図で発信しているか」ではなく、「どういう意図だと相手は受け止めたか」が重要であることは、ご理解いただけたでしょうか。ブリーフセラピーでは、受け手を主役としてコミュニケーションを見ていくのです。

　受け手を主役にする際に注意すべきは、矛盾するメッセージです。ここまで紹介してきた通り、人は文字通りに動くのではなく、関係性や文脈などさまざまな情報を総合してメッセージを受け止めます。その結果、「勝手にしろ！」と言いながら、言いつけを守らせようとするような、言葉と意味が矛盾するような場合があります。

　ブリーフセラピーでは、矛盾したメッセージのあつかいをとても重視しています。実は、矛盾したメッセージに関する研究をきっかけに、ブリーフセラピーがつくられたからです。まずは、その研究について見てみましょう。

ダブルバインド研究のきっかけ

　きっかけはグレゴリー・ベイトソンらによる統合失調症患者とその家族のコミュニケーション研究のなかで、以下のようなやりとりがみられたところから始まります。

（統合失調症の）強度の発作からかなり回復した若者のところへ、母親が見舞いに来た。喜んだ若者が衝動的に母の肩を抱くと、母親は身体をこわばらせた。彼が手を引っ込めると、彼女は「もうわたしのことが好きじゃないの？」と尋ね、息子が顔を赤らめるのを見て「そんなにまごついちゃいけないわ。自分の気持ちを恐れることなんかないのよ」と言い聞かせた。患者はその後ほんの数分しか母親と一緒にいることが出来ず、彼女が帰っ

44 　第2部　ブリーフセラピーの道具を手に入れる

たあと病院の清掃夫に襲い掛かり、ショック治療室に連れていかれた。

ベイトソン,G.著・佐藤良明訳『精神の生態学』新思索社（p.306）

　息子（若者）が母親を抱きしめようとすると、母親は身体をこわばらせました。若者は母親の身体のこわばりを「これ以上、抱きしめてはいけない」というメッセージとして受け止めたのでしょう。そのため息子が抱きしめるのをやめました。

　そのときに母親は、「もうわたしのことが好きじゃないの？」と息子に尋ね、さらに「まごついちゃいけないわ」と抱きしめるように促すのです。この促しを息子は「抱きしめなさい」というメッセージとして受け止めました。

　その結果、息子は母親から「抱きしめてはいけない」「抱きしめなければならない」という正反対のメッセージを受け取り、身動きが取れなくなってしまったのです。

**母親の歓迎と拒絶を同時に受け続けた息子は
暴れることしかできなかった**

ダブルバインドとは？

　ダブルバインドの必要条件は、以下の6つです。

---

①**1対1、あるいはそれ以上**
②**繰り返される経験**
③**第1の禁止令（〜してはならない）**
④**第1の禁止令と矛盾する、より抽象度の高い第2の禁止令（〜しなくてはならない）**
⑤**第1と第2の矛盾する禁止令から逃れてはいけないという第3の禁止令**
⑥**上記が成立すれば、以後すべてがそろう必要はない**

先ほどの親子の例でいえば、母親が見舞いに来たことで「近づかなくてはならない（離れてはいけない）」という第1の禁止令になり、実際に息子が近づくと母親は身体をこわばらせることで「近づいてはならない（離れなければならない）」という第2の禁止令を受けることになります。

　この母親の矛盾する言動に対して息子が言及できないことが、"逃れてはいけないという第3の禁止令"になるのです。

　このときに「だってお母さん、抱きしめようとすると身体をこわばらせて抱きしめられるのを嫌がっているように思えるし、抱きしめるのをやめると『まごついちゃいけない』と言われるし、僕はどうしたらいいのかわからなくて困っちゃうよ」と息子が母親に対して訴えることができれば苦労はしません。その訴えに対して母親が「ああ、確かに矛盾するメッセージを発してしまってごめんなさい。抱きしめなくていいから、この距離で話しましょう」とでも答えてくれたら、状況は改善するでしょう。しかし、現実ではそこまで冷静な対応はできない"ことがあります"。

　ましてや、息子は統合失調症の治療のために閉鎖病棟に入院しているのです。もし矛盾について言及したとしても「考えすぎよ」とか「まさかお母さんがあなたに抱きしめられるのを嫌がっているとでもいうの？」「そんな妄想をするなんて、やっぱり病気が治ってないのね」などと言われたら、息子としては沈黙するしかありません。そして、抱きしめようとすると母親がまた身体をこわばらせることで、息子は「抱きしめてはいけない」というメッセージを受け取ることになります。また、閉鎖病棟にいる息子は面会に来た母親を避けることはできません[注1]。

> **まとめ**　ダブルバインドになると前進も後退もできない
> がんじがらめの状態になってしまう

ダブルバインドに対する反応

　先ほどの事例は、統合失調症の患者と母親のコミュニケーションにおける「接近も許されず、接近しないことも許されない」という例でした。ちなみに、こ

46　第2部　ブリーフセラピーの道具を手に入れる

のときに息子がとりうる行動は大きく以下の3つが考えられます。

①第1の禁止令（近づくな）を破り、抱きつく。
②第2の禁止令（まごつくな＝近づけ）を破り、一定の距離を保つ。
③第3の禁止令（逃れるな）を破り、関係を壊す。

先ほどの事例では"ほんの数分しか母親と一緒にいることができず……"と、その場を離れることで関係を壊す③の反応を"せざるを得ませんでした"。多くの場合が、関係を壊すという第3の禁止令を破る反応をすることになります。

まとめ 関係を壊す（壊れる）ことで
ダブルバインドを解くことが多い

生活でのダブルバインド

先ほどのダブルバインドは、統合失調症患者とその母親のやりとりでした。そのため、このダブルバインド理論も当初は統合失調症患者とその家族に特有のコミュニケーションだと誤解されました。

しかし、ダブルバインドは日常によくみられます。また、ダブルバインドは、1対1の場面でのみみられるわけではありません。むしろ、多くの人数がいるところのほうが、矛盾を生じやすく、ダブルバインド状況になりやすいといえます。

特に現代社会では、SNSなども普及しており、さまざまな人の意見や真偽不明の情報があふれています。1つの事象についても、肯定的な意見と否定的な意見が目に入り、身動きができない場面が増えています。いくつか具体例を出してみましょう。

◆ ダブルバインドの例①：自立のダブルバインド

親が子どもに対して、「親の指図を受けず、子ども自らが自主的に動いてほしい」と願い、実際に「あなたの好きにしなさい」と伝えるが、親子関係がうまくいかないときがあります。

第4章 ● ダブルバインドとパラドクス | 47

このとき、よくある状況が以下の通りです。

第1の禁止令：親の指図を受けてはいけない

第2の禁止令：親が（子どもが自主的に動いていると）イメージした通り
**　　　　　　にふるまわねばならない**

第3の禁止令：家族として常にそばにいる（逃れられない）

　この状況に置かれた子どもは「そんなことを言われても、何か新しいことを始めたところで『自立しなさい』という親の意見に従っただけだし、何もしなければ『自立していない』と言われるし、どうすればいいのかわからないよ」と親に言及するのは難しいでしょう。その結果、子どもは何をしても（たとえば親の期待通りに新しいことを始めても、親の期待に反して何も新しいことをしなくても）「自立していない」という状況になります。

　子どもがダブルバインドから抜け出す方略として、家庭内暴力や自室へのひきこもり、あるいは家出といった、関係性を壊す行為がみられることもあります。したがって、家庭内暴力やひきこもりの相談では、ダブルバインドを明確にして、親のメッセージが矛盾して子どもに伝わらないようにコミュニケーションに介入していくことで問題が改善することがあります。

◆ **ダブルバインドの例②：自己否定のダブルバインド**

　希死念慮がある事例などでよくみられます。家族や友人に心配をかけることで「迷惑ばかりかけてしまう（だから消えてしまいたい）」と考えてしまい、家族や友人が距離を置いていると「誰も私のことを心配してくれない（だから消えてしまいたい）」と考えてしまう状況です。

第1の禁止令：私を心配してはならない

第2の禁止令：私を心配しなくてはならない

第3の禁止令：私と距離を置いてはいけない

　また、この状況になると、相手の仕草などが気になってしまうことがあります。たとえば、「あなたのことを大切に思っているよ」というメッセージを伝

えても、「口ではそう言っても、きっと本心じゃない」などと表情などを深読みします。その結果、相手がいら立ちながら「何度も大切だって言ってるでしょ！」などと声を荒らげてしまうかもしれません。その結果、「ほらやっぱり怒っている。本当は私のこと迷惑としか思っていないのだ」と否定的なメッセージを強めてしまいます。

　周囲もどのように対応すればよいかわからず、腫れ物に触るように警戒しながら関わることになり、その警戒感が「やっぱりみんなに迷惑をかけている」とさらに自己否定感を強めてしまうことになります（→関連する事例はP126〜136参照）。

◆ ダブルバインドの例③：職場のダブルバインド

　上司からの「今日中にこの仕事を終わらせろ」とのメッセージ、そして会社からの「早く帰れ」とのメッセージに挟まれてしまうような状況です。

第1の禁止令：仕事が終わるまで帰ってはならない

第2の禁止令：残業してはならない

第3の禁止令：会社と上司の指示には背いてはならない

　この状況に置かれた社員は、正々堂々と会社や上司と話し合ったり、「空気が読めないふり」をして、仕事が終わらなくても定時で帰ることでダブルバインドを解消する人もいます。

　強硬策を用いて訴えることで解決を目指す人もいるでしょう。しかし、サービス残業（残って仕事をするが残業として記録を残さない）という形でこの状況を維持する人も多いようです。またメンタルヘルス不調による休職や配置転換などにより関係を断ち切ることで、結果的にダブルバインドを解消する人もいます。

　企業でカウンセリングをしていると、このようなダブルバインド状況に陥っている社員からの相談を受けることがあります。その際はなるべく健全な形でダブルバインドを解消できるように支援をします。本人のキャリアや希望などを聞くことで、転職が最善の解決策になることも多くあります。

第4章 ●ダブルバインドとパラドクス　　49

◆ ダブルバインドの例④：学校でのいじめに関するダブルバインド

クラスメイトは暴力や暴言をまじえて「学校に来るな」というメッセージを出します。この際に家族が気づき「無理に学校に行かなくていいよ」となればダブルバインドになりません。しかし、家族が気づくことができず、また本人も上手にSOSを出すことができないと、ダブルバインドが成立します。

> **第1の禁止令：無視や暴力暴言による否定（学校に来るな）**
> **第2の禁止令：「行ってらっしゃい」（学校を休むな）**
> **第3の禁止令：日常生活から逃れることができない**

多くの場合は、本人からのSOSや周囲の気づきによって、いじめの解消に向かった働きかけ（第1の禁止令の消去）や、登校しないあるいは転校など（第2の禁止令の消去）がはかられることで、いじめ問題は解決します。しかし、このダブルバインド状況が続くと、親に内緒で学校をさぼったり、最悪の場合はいじめ加害者や家族をなきものにしようとしたり、自死などを選択することもあります（第3の禁止令の解消）。

◆ ダブルバインドの例⑤：被災地報道に関するダブルバインド

2011年の東日本大震災発生後、私は4年間福島県の太平洋岸北部で被災地心理支援を行いました。その地域は、津波の被災者と福島第一原発の事故による立ち入り禁止区域からの避難者も多く暮らしていました。

当時は、マスメディアが毎日取材を行っていました。被災した人が落ち込んでいると、取材者や視聴者から「元気を出して」と激励のメッセージが届きます。気力を振り絞って気丈にふるまうと「原発事故の影響で放射線量が高いはずなのに危機感がない」というコメントが目につくようになります。深刻な状況であることを伝えれば「心配するな」と言われ、「もう大丈夫だから安心して」と言うと「必ず問題が起きるはずだ」と言われ続けるのです。

このやりとりは、津波被災者と立ち入り禁止区域からの避難者を苦しめるダブルバインドでした。

> 第1の禁止令：「心配しないで」「大丈夫だから」（悲観的になるな）
> 第2の禁止令：「笑っている場合か」「危機感がない」（楽観的になるな）
> 第3の禁止令：被災生活全般の話なので、避けることができない

　同様の報道に対するダブルバインドは、新型コロナウイルス対策に関しても、報道をはじめとして職場や学校などでもみられます。また、2016年の熊本地震の際も、2024年の能登半島地震でも多くみられます。現代はSNSなどの普及で、さまざまな人がさまざまな意見を発信しています。考え方やもっている知識が異なるさまざまな人が情報発信をしているため、相反する意見が出ることは自然なことです。私たちが1日にふれる情報量は江戸時代の1年分、平安時代の一生分といわれます。それだけ多くの情報にふれているため、情報が多すぎて身動きが取れなくなることは、必然的ともいえます。

　東日本大震災の場合は、避難所では「取材お断り」などと関係を拒絶するケースも多くみられました。このことは、第3の禁止令を破ることにより、ダブルバインドを解いたと見ることができます。

▒ ダブルバインドは抜け出すことが困難

　以上、典型的なダブルバインドの例を紹介しました。これらの代表例以外にも生活のなかにダブルバインドはたくさん紛れ込んでいます。

　これらのダブルバインドについて「よくないことである」とか、「避けることができる」「避けないほうにも非がある」と伝えたいわけではありません。大事なことは、ダブルバインド状態というのは、身近でよく起こりうることを自覚することです。

　これまで見てきたようにダブルバインドを解消するには、第1の禁止令に対抗するか、第2の禁止令に対抗するか、第3の禁止令に対抗するか、このいずれかが必要になります。

　「嫌なら断ればいいのに」「嫌ならやめればいいのに」などと外部からは容易に言えますが、当事者にとっては自分一人で断ったりやめたりすることはかな

第4章 ● ダブルバインドとパラドクス　51

りの勇気が必要です。

> **まとめ** 抜け出せるならダブルバインドではない

ダブルバインドを解消するコツ

　日常生活をしているなかで、ダブルバインド状態はとても多くみられますが、ダブルバインド状態であることに気がついていない場合がほとんどです。「なんだか居心地が悪い」「身動きが取れない」と感じることが多いでしょう。

　ダブルバインドを解消するために、カウンセラーがダブルバインドの構造についてわかりやすく説明をして、当事者一人に任せるのではなく、カウンセラーもサポートすることで、上手に解決できます。ダブルバインドに言及することで、第3の禁止令（逃れることができない）を無効化し、ダブルバインドが解消されるのです。

　一人ではなくグループでダブルバインドにかかった場合には、みんなで協力することによって解消することができます。先ほどの例でも紹介した通り、いずれかの禁止令に背くことでダブルバインドを解除できるのです。

> **まとめ** 自らがダブルバインド状態であることを
> 理解することが必要

ダブルバインドを味方につける

　ダブルバインドが生活に密着しており、いじめによる自死のように、ときには深刻な影響を与えることをお伝えしました。

　ダブルバインドにはそれだけ強い力があるのですから、この力をうまく利用したいものです。つまり、ダブルバインドを敵に回すのではなく、味方の武器にすることができればとても心強いでしょう。

　ダブルバインドは、「～してはならない」かつ「～しなくてはならない」と

禁止していますが、これをたとえば「～してもよい」かつ「～しなくてもよい」という奨励に変えるのです。そうすれば、実行しても実行しなくてもよいことになります。これこそが、**肯定的ダブルバインド**（治療的ダブルバインド）なのです。

> **まとめ** **手ごわいダブルバインドは**
> **問題解決にも利用できる**

どうふるまっても歓迎される状況をつくる

　説明だけ読むと、非常に難しく感じられるかもしれませんが、私たちは普段から肯定的ダブルバインドを使っています。たとえば、子育てに悩む保護者に「赤ちゃんは泣くのが仕事」「たくさん泣くのは元気な証拠」などと周囲が励ますのは、「泣いても OK」「泣かずにニコニコしていても OK」という肯定的ダブルバインドを保護者に与えて、育児がうまくいくようにサポートしているのです。

　同様のことは、ほかにもあります。たとえば、おみくじを引くときに「凶（もしくは大凶)」を引いた場合、「今が最悪なのでここからプラスしか起こらないから縁起がいい」との解釈を聞いたことがあります。

　プライベートだけでなく、仕事でも肯定的ダブルバインドが使われます。たとえば、営業職などでは「断られるのが仕事だ」などという表現を使うことがあります。断られなければ売り上げにつながりますし、断られても成果とみなすことができます。

　名言や逸話などにも肯定的ダブルバインド的なものは多くあります。たとえば、自動車王として知られるヘンリー・フォードは「あなたができると思えばできる。できないと思えばできない。どちらにしてもあなたが思ったことは正しい」と述べたと言われています。どのように判断しても構わないという肯定的ダブルバインドだと言えるでしょう。

　ほかにも自動車つながりで、本田宗一郎の言葉に「成功は 99％の失敗に支えられた１％だ」という言葉があります。この言葉は本田の本音でしょうが、

それ以上に失敗を肯定的ダブルバインドとして、自身にも部下たちにも与えています。もし、「絶対に失敗は許されない」「失敗は成功につながらない」などと言っていたら、誰も新しいことに挑戦せず、無難なことしかできないでしょう。場合によっては、失敗をごまかし成功に見せかけるために不正をするかもしれません。「成功は99％の失敗に支えられた1％だ」と、失敗することを容認することで、肯定的ダブルバインドを従業員に与え、ホンダは世界的な自動車会社になったのかもしれません。

　もう1つ例を挙げます。子どもが1歳の誕生日に一升餅を背負わせる風習があります。わが家でも子どもの1歳の誕生日に一升餅を購入しました。そこには、次のように書かれていました。

　一升餅の重さは約2kgで、1歳のお子さまにとってはかなりの重さになります。立てない子や、嫌がって泣き出す子もいるでしょう。しかし、一升餅はお子さまの健やかな成長を祈る行事ですので、背負えなくても立てなくても喜ばしいことと受け止めます。

　背負えなかったら「一生重荷を背負わなくてすむ」、立ち上がることができたら「身を立てられる」、座り込んでしまったら「家にいてくれる・家を継いでくれる」、転んだら「厄落としができた」といわれます。

　このメッセージは、肯定的ダブルバインドになっていることがおわかりいただけるでしょう（「家にいてくれる・家を継いでくれる」というところは現代にはそぐわない価値観ですが……）。

　一升餅があれば、背負うことができてもできなくても途中で手放しても、座り込んでも転んでも、どんなことが起きても喜ばしいことと受け止める。子どもにも保護者にも不利益はまったくありません。どんな結果でも縁起のいい解釈ができるのです。そして、一番大事なことですが餅屋ももうかります。

まとめ　何をしても「否定される状態」ではなく、
何をしても「肯定される状態」をつくり上げる

よく使うダブルバインド介入の会話：
ひきこもりからアルバイトを始める場合

　ひきこもりや不登校の相談を受けた際に、社会参加として「アルバイト」を始めたいという相談を受けます。このときに私は、以下のように伝えます。

> 　アルバイトをするときに、多くの人は家の近くのよくいくコンビニとか、好きな本屋やカフェなどでアルバイトをしようと考えます。でも、それは失敗する可能性が高いです。ぜひ、1か所目は『客としては、今まで使ったことがなく、今後も使わないであろうお店や会社』のアルバイトの面接に失敗するつもりで行ってください。それなら、もし面接で落ちてもその会社に行かなければいいだけです。もし、失敗するつもりが何かの拍子で採用された場合は、『いつ辞めてもいい』と思ってバイトをやってみてください。人間関係に疲れたり、思っていた仕事と違ったりした場合は予定通りすぐに辞めればいいし、意外に続けられそうなら無理のない範囲で続ければいい。

　実際、この方法でアルバイトを選んだ場合は、「失敗していい」とリラックスして面接を受けるので、面接の成功率も高まります。そして、アルバイトを始めてからも、もともと期待していなかったので「働いてみるとなかなか面白い」と続けられる場合が多いのです。もしうまくいかなくても「予定通り」なので、ダメージが少なくてすみます。実行に移したことを評価したうえで、「あと、何回か失敗してみよう」と次の挑戦に進めるのです。

　いっぽうで、気に入っていたお店でアルバイトを希望した場合、面接に落ちるとそのあとはその店を利用しにくくなりますし、採用されたとしても「楽しそうに見えたけれど、仕事が大変」「やさしそうに見えた店長が、お客さんの悪口を言っている」「バイト同士の仲がよさそうに見えたけれど、実際はギスギスしている」などと、理想と現実のギャップにショックを受けてしまいアルバイトを続けられなくなることが少なくありません。

第4章 ● ダブルバインドとパラドクス　55

> **まとめ** 高い理想から始めるのではなく、
> 失敗して当たり前のほうがうまくいく

代表的な肯定的ダブルバインド課題（パラドクス介入）

　肯定的ダブルバインドを使って、どう転んでもうまくいくように面接を進めていくのがブリーフセラピーであり、だからこそブリーフセラピーはうまくいくのです。

　肯定的ダブルバインドを利用した介入を**パラドクス（逆説）介入**といいます。基本的な考え方は、さまざまな手段や口実を使って「もっと問題を起こすように」と奨励するのです。問題行動を奨励することで、問題行動が悪化すれば「カウンセリングが順調に進んでいる証拠（すばらしい！）」となり、指示に反して問題行動が改善すれば「問題が解消した（すばらしい！）」となります。

　パラドクス介入にはさまざまなものがありますが、そのなかで代表的なものを紹介しましょう。

◆ パラドクス介入①：過重課題

内容：問題とされる行為をあえて激しく行うように推奨することで、対処行動をとらせず、悪循環を解消する方法です。特に嗜癖などで、周囲は迷惑しているけれどIPにとっては問題意識が希薄な場合に効果を発揮します。

効果：多くの場合、問題は"意図せず"出現します。そして、意図通りに問題行動をやめることができません。「周囲が止める」という対処行動をやめることで、悪循環が解消します。意図的に問題の行為をすることで、問題をコントロールすることができます。

　ブリーフセラピーからは離れますが、筋弛緩法で筋肉を弛緩させるために、一旦思いっきり力を入れて緊張させることがあります。この方法も一つの過重課題ともいえます。

具体例：不眠を訴える相談者に「寝るためには起きる練習が必要だから、毎晩3回起きて」（→ P104 参照）

56　第2部　ブリーフセラピーの道具を手に入れる

◆ パラドクス介入②：演技課題

内容：演技課題では、IP に問題行動を演技で行ってもらい、関係者はどれが本当の問題行動でどれが演技の行動かを当てる課題です。

効果：この課題の狙いは大きく2つあります。まず1点目は、演技する IP にとっては、「わざとやれ」と言われるととてもやりにくくなることです。そのため、問題行動の出現頻度が減ります。2点目はまた、関係者にとって「演技かどうか」と当てる必要があるため、問題行動が起きても今までとは対応が変わるのです。その結果、悪循環が維持されなくなり、問題行動が起きなくなるのです。

具体例：「わざと兄弟げんかをして、お母さんは、わざとのけんかか本当のけんかかを当ててください」（→ P110 参照）

◆ パラドクス介入③：観察課題

内容：問題場面をじっくり観察するように指示することで問題行動への解決努力を行わせず悪循環を断ち切る方法です。

効果：問題行動が生じるとすぐ、あるいは問題行動が生じそうな気配があると、問題行動への解決努力が行われます。観察課題を提案することで、問題行動への対処行動をしなくなり、悪循環が解消されます。

具体例：「調子のよい日と悪い日を観察してきてください」
「A君のいいところを観察してきて」（→ P99 参照）

◆ パラドクス介入④：低速課題（ゴー・スロー・パラドクス）

内容：ゴー・スロー・パラドクスといいます。内容は「順調にすぎるので、そろそろぶり返しが来るかもしれません」という主旨のメッセージを伝え、悪化するというメッセージを与える方法です。そのことで、悪化しても「想定の範囲内」であり、悪化しなければ「想定以上に順調」と意味づけることができます。

効果：この介入により、問題が悪化したとしても「想定通り順調に進んでいる」ことになり、悪化しなければ「順調すぎる」ということになります。問題が再燃した場合の過剰な対処行動を回避し、悪循環が成立しなくなります。

具体例：「とてもうまくいっているので、来週は3日くらい調子が悪くなることを覚悟してください」（→ P104、P133 参照）

◆ パラドクス介入⑤：対決課題

内容：カウンセラーと相談者が、今後の問題について「賭け」をします。その際に、カウンセラーは相談者よりも"あえて悪いほう"に予想します。予想は必ず覚えておき、次回面接で答え合わせを行います。

効果：相談者の予想が当たれば「予想以上にうまくいっている」と相談者の力をたたえ、カウンセラーの予想が当たれば「予想通りだからこの調子でよい」と意味づけることができます。

具体例：不登校から再登校をし始めた生徒に対して、

SC「来週は何回ぐらい遅刻しそうだと思う？　どっちが当たるか勝負しようよ」

生徒「2回ぐらいかな」

SC「2回？　少ないね。僕は、3回以上は遅刻すると思うよ。来週結果を聞かせてね」

▒▒ 想定の範囲を広げる

　人間はコミュニケーションせずにはいられません。意図的かどうかは関係なく、私たちはいつも誰かに何らかの影響を与えているのです。だからこそ、ブリーフセラピーでは、その影響力をいかに有効活用するか、困っている人の役に立てるかを重視します。

　影響を与えるうえで、私が一番意識していることは、想定外をつくらないことです。相談者に影響を与えておきながら「こんなことになるとは予想していませんでした」とか「普通の人はこんなふうにはならないのですよ」などというセリフを問題が悪化したときの言い訳にしてはいけません。これらのセリフは、良い方向へ変化したときに「こんなことになるとは予想していませんでした。よくぞやり切りましたね」「普通の人はこんなふうにはならないですよ。ここまでできるとは力ありますね」などと、ポジティブなときにコンプリメント（ねぎらい）とともに使うべきです。

> **まとめ** パラドクス介入は「問題を悪化させないために、問題を悪化させる指示を出す」のであり、「問題悪化の言い訳」ではない

パラドクス介入も伝え方が重要

　これらの説明を受けると「そうか、ただ反対のことを言えばいいんだ、じゃあ早速やってみよう」と実践（しようと）すると、失敗します。言葉ばかり気にしてしまいメタメッセージがうまく伝わらないからです。

　ブリーフセラピーの魅力を伝えようとして、ときには「家庭内暴力の子に『もっと暴れろ』などと提案することで、家庭内暴力がピタリとなくなったりするのです」と単純化して説明することがあります。ほかにも「不登校のお子さんに登校刺激ではなく『学校を休みなさい』と言うといいよ」、あるいは「反抗期のお子さんに『もっと反抗しろ』と言うと、ダブルバインドにかかって反抗しなくなります」といった安直な提案をする支援者がいます。受け手からは、「何を言っているのだ、そんなことこわくてできるわけがない」と思われるかもしれません。唐突に提案することは「提案を実行するな」というメタメッセージを与えているようなものなのです。

　深く考えずにパラドクス介入をしてもたいていは失敗します。ここでも“受け手主体”を忘れてはいけません。

　暴力や自傷行為、虐待行為など自傷他害の恐れのある行為に対してパラドクスをかけることは適切ではありません。その問題行動にパラドクスを仕掛けるのではなく、別の方法を選ぶべきです。

> **まとめ** どんな結果でもカウンセラーが責任をもてる覚悟がなければ、パラドクス介入を使ってはいけない

パラドクス介入は提案方法にとことんこだわる

　この章では、人間が陥りやすいダブルバインドについて紹介し、ダブルバイ

第4章 ● ダブルバインドとパラドクス　　59

ンドのマイナス面だけではなく、問題解決のための相棒として使うための考え方として、肯定的ダブルバインド（治療的ダブルバインド）について紹介しました。

　肯定的ダブルバインドは、「とにかく言えばいい」わけではありません。日常のダブルバインドで、子育てに悩む保護者へのサポートや、失恋のなぐさめを例にしましたが、これらも「どんなにつらい思いをしているかわかりもしないのに、いい加減なことを言って」と余計に逆効果になることもあります。

　恋人に振られたときのなぐさめも、スマートフォンでゲームをしながら視線も合わせずに伝えては、逆効果でしょう。言葉選びはもちろんのこと、視線や表情などの非言語もすべてがそろってはじめて成立するのです。一升餅の説明文も毛筆体で書かれていることに意味があります。ホラー作品で使われるような、不気味なフォントだったら、読んだ人は違う意味に受け取るはずです。

> **まとめ**
> ## 内容ではなく、
> ## どのような文脈をつくるかが大事

第5章　ソリューション・フォーカスト・アプローチ

　ここまでは、「問題にまつわる相互作用の見立て」と「カウンセリング場面での相互作用の見立て」、それぞれができるための基本的な考え方を紹介してきました。問題の解消とカウンセリングの円滑な会話の両方を成功させるために役立つ会話技術があります。特に「ソリューション・フォーカスト・アプローチ」で開発された質問法は、どれも大変使い勝手がよく重宝します。

　この章では、その質問法について見ていきます。

ソリューション・フォーカスト・アプローチの考え方

　ブリーフセラピーでは、原因探しではなく、今からできることに注目することが重要であるとお伝えしました。その考え方が最も重視されているのが、ソリューション・フォーカスト・アプローチ（解決志向療法：以下 SFA）です。SFA では次の3つの哲学に基づいた介入が行われます。

その1：うまくいっているのなら、変えようとするな。
その2：もし一度やって、うまくいったのなら、またそれをせよ。
その3：もしうまくいっていないのであれば、違うことをせよ。

　ここまでの章を振り返りながら、この3つの哲学について考えましょう。

　うまくいっていれば、たとえそれが理屈に反していても続けるべきです。カラスに対して「侵入禁止」と日本語で書いた貼り紙を使うのは、普通に考えればおかしな話です。しかし、それでカラスが侵入しなくなるのであれば、変える必要なく使い続けるべきなのです（**SFA の哲学その1・その2**）。

　いっぽうで、どんなに正論であっても、問題が解決しないのであればその方法を続けるのは適切ではありません。学校に行きたがらない子に対して、学校に行くことの重要性、学校に行かないことによるデメリット、学校に対して抱

いている不安を払拭する方法などを伝えたところで、子どもが学校に行きたがらない姿勢が変わらないのであれば、違うことをすべきです（SFAの哲学その３）。

> **まとめ** どんな意図があっても、結果がともなわなければやめる。結果がうまくいけば続ける

ソリューション・フォーカスト・アプローチの技法

SFAでは、その名の通り、原因追及を重視せず、解決だけに焦点を当てます。しかし、私たちは原因ばかりを探しがちです。かくいう私も、普段は「あいつが悪いのだ」「これのせいだ」と原因探しをしてしまいます。

SFAでは、解決に焦点化しやすいようにこのあとで述べるさまざまな技法が開発されています。

SFAの技法①：スターティング・クエスチョン

◆ 質問内容と目的

スターティング・クエスチョンとは、SFAで用いられた、面接開始時に行う質問のことです。具体的には「今後どんなことが起きたら、あるいはどんなふうになったら、今日相談してよかったなあと思いますか？」といった質問です。

この質問の目的は、面接のゴールや方向性の明確化です。したがって、クライアントからの答えがあいまいな表現（たとえば、「普通の生活がしたい」「元の関係に戻りたい」「元気になりたい」「前向きになりたい」など）の場合は、よりくわしく聞いていく必要があります。クライアントの言葉をしっかりと受け止めたうえで「もう少しくわしく聞かせてください」「○○とは具体的にどういうことを指しますか？」などと深掘りをしていくとよいでしょう。以下は、不登校についての相談の例です。

62 ｜ 第２部　ブリーフセラピーの道具を手に入れる

■ **事例 ● スターティング・クエスチョン①**

> Co（カウンセラー）：よろしくお願いします。申し込みの際に書いていただ
> いた内容によりますと「お子さんの不登校」ということですが、ここでカ
> ウンセリングをしたからといって、明日から突然、朝から登校して、テス
> トも全部100点で、友人とも何のトラブルもなくみんなに好かれて、食べ
> 物の好き嫌いもせず、親のお手伝いを率先してやるようになる、なんてこ
> とは無理ですが。
> Cl（クライアント）：えぇ、それはもちろん。今はそこまでは全然期待してな
> いです。
> Co：どんなことが起きれば「あぁ、あのときわざわざカウンセラーに相談
> をしてよかったなぁ」と思うでしょうか？
> Cl：そうですねぇ。ずっと子どもが部屋にこもってしまって、何を考えてい
> るかわからないので、子どもの気持ちを理解できればと思って……

　ここから、さらに「子どもの気持ちを理解できれば、お父さん自身はどんな
ふうに変化がありますか？」「一番最近に『あぁ、あの子はこんなことを考え
ているのか』と理解できたときは、いつでしょうか？」などと、質問を重ねて
より明確にしていきます。

　このように質問をしていくと、「そう言われて考えてみると、不登校になる
前もそんなに子どもの気持ちを理解できていなかったように思います」といっ
たように、今までに経験したことのなかった状況をゴールに設定することがあ
ります。人間は成長するので、今までできなかったことをゴールに設定するこ
とは構いません。しかし、実現不可能なゴールを設定すると問題解決が難しく
なるので、実現可能なゴール設定まで落とし込みましょう。

◆ **目標設定が難しい場合**

　スターティング・クエスチョンをしていると、具体化に答えるのが難しいケー
スもあります。深掘りしようとすると「いやぁ、自分でもわかんないです」と
か「やっぱり無理ですよね。いいです、いいです。違う話にします」などと "う
まく質問が入らない" 場合もあります。その場合には、プロフィールの確認な

第5章 ● ソリューション・フォーカスト・アプローチ　63

ど、答えやすい質問に切り替えて、時間をおいてからあらためてスターティング・クエスチョンを行うとよいでしょう。あるいは、スターティング・クエスチョンにこだわらず「今一番困っていることは何ですか？」と解決像ではなく問題自体を聞くこともできます。いずれにしても、絶対にスターティング・クエスチョンをしなければならないというわけではありません。ブリーフセラピーに興味がある、あるいは勉強してみたけれどけれど難しいと感じているカウンセラーの方は、型にこだわって失敗することがあります。特にまじめで勉強熱心な方が、陥りがちな失敗です。

◆ そもそもスターティング・クエスチョンが必要なのか？

　助けを求める人に対して、「何にお困りですか？」「何に悩んでいるの？」といった問いかけをすることがよくあります。これは、何が問題かを尋ねる質問として日常的によく使われているでしょう。問題と答えが明確な場合には、この質問は非常に効果的です。たとえば、小学生が算数の計算問題で悩んでいるときに、「どの部分がわからないの？」「何に悩んでいるの？」と聞くのは簡単です。このときに「どうなれば、『あぁ、先生に相談してよかったなぁ～』と思えるかな？」などと質問をしても、子どもにとってはただただうっとうしいだけでしょう。駅で困っている人を見かけた場合でも「どうされましたか？」「何かお困りですか？」などと問題は何かを確認するはずです。いきなり、「突然ですが、どうなれば『あぁ、この人に助けてもらえてよかったなぁ～』と思うでしょうか？」などと声をかけたら、手助けするどころか不審者に間違われるかもしれません。

　算数の計算問題と、駅で困っている人に共通するのは、疑問点がかなり明確であるということです（もちろん、算数の計算でも「どこがわからないのかがわからない」という悩みもあるでしょうし、駅のなかで立ち止まって深淵な問いを考えている場合もあるでしょうが……）。算数の計算問題は解けたほうがよいし、駅で迷子になっている人は道がわかることが大事です。ここに、ほかの答えは必要ありません。ブリーフセラピーのテクニックなど使わずに答えや解決法を示すとよいでしょう。

◆ 複数のメンバーで目標設定をする場合

　ブリーフセラピー／家族療法の場合には、相談者が複数同席することがよく

あります。たとえば、不登校の子どもと両親が同席する面接などでは、子ども
は「とにかく学校に行きたくない」と考え、いっぽうの親は「少し無理をさせ
てでも学校には行くべきだ」と考え、もういっぽうの親は「無理はさせずにし
ばらくはそっとしておいたほうがよい」と考えている場合などがあります。こ
のままでは、何を話すべきかわからなくなってしまいます。会議でアジェンダ
をつくるように、最初にゴールや方向性を設定しておかないと意見が対立した
まま、何の目的もない面接になってしまうことがあります。会議のアジェンダ
は、会議の目的が明確な場合がほとんどなので、議論をする必要はありません。
しかし、カウンセリングのゴール設定は慎重に行う必要があります。

　複数の関係者がいる場合には、「ここにいらっしゃる３人は、考えているこ
とも当然違います。３人へ順番に同じ質問をさせていただきます。いろいろ言
いたいことはあると思いますが、私が確認させていただきたいのでほかの方は
静かに聞いてください」といったお断りを伝えたあとに、スターティング・ク
エスチョンを行うことがあります。

　ほかの家族がいる前では、率直な気持ちを言えない場合もあります。そうい
う場合は、それぞれがほかの人に見えないように答えを紙に書いてもらい、カ
ウンセラーだけが見ることもあります。あるいは、ほかの人には退室してもら
い、一人ひとり個別に聞くことも有効です。

　参加者全員のニーズを聞き出したうえで、共通の目標を設定することに初回
面接を費やす場合もありますし、それぞれ異なるゴールが明確化され「そんな
ことを考えていたのか」と理解できただけで、問題自体が解消されることも少
なくありません。

　事例検討会やスーパーバイズを行う場合などでも、自己紹介を兼ねて参加者
にスターティング・クエスチョンに答えてもらうと、限られた時間を有効に使
うことができます。

■ 事例　● スターティング・クエスチョン②

　子どもの不登校に関する相談で夫婦が来談しました。
　カウンセラーはスターティング・クエスチョンを行いました。

夫は「妻が疲れているので、どうにか楽になってほしい」

妻からは「夫こそ、毎朝子どもを学校に行かせようと無理をしているのでもっと力を抜いて、やさしい対応をしてほしい」との内容が語られました。

そこで、カウンセラーは「お互いに楽になってほしいんですね？　でも、疲れてしまうのはなぜですか？」と尋ねました。

夫「いや、妻が子どもを学校に行かせたいだろうと思って、父親として厳しく言ったほうがよいと思い毎朝強く声かけをしていました。フレックス勤務なのでゆっくり出ても大丈夫なのですが、その分、帰りが遅くなって夜の風呂や寝かしつけはすべて妻まかせになっています」

妻「確かに学校に行ってほしいですが、そこまで強くは思っていません。毎朝、夫が大声を出して子どもが泣いていることが続くので。そこまでしなくてもいいとは思います」

カウンセラーは、言いにくいことを正直に話してくれたことに感謝を伝えました。そのうえで、「お二人ともパートナーを楽にさせようというやさしさが伝わってきました。次回までは、パートナーのためにもご自身が楽だと思う生活をしてください。無理に息子さんへの働きかけは、してもしなくても構いません。この２週間はお二人ともパートナーやお子さんよりもご自身のことを最優先に考えてください」と伝えました。

次回面接にて、その翌日以降、朝の激しいやりとりはなくなり、数日後には子どもは自ら宣言して登校するようになったことが報告されました。

◆ **注意点**

スターティング・クエスチョンは、面接のゴールや方向性を明確にできるとても便利な質問法です。しかし、「とりあえずスターティング・クエスチョン」と安易に使いすぎると、むしろゴールや方向性を見失ってしまうことがあります。「相談者とゴールや方向性を共有するためには、どうすればいいか」を常に考えてスターティング・クエスチョンを自分なりに改良していくことが大事です。

▒ SFA の技法②：観察課題

　SFA の初期に中心的な役割を果たした技法の1つに、**観察課題**があります。観察というと行動分析などで問題行動のベースライン（介入前の状態）を観測するようなイメージがあるかもしれません。しかしブリーフセラピーではもっと戦略的に観察します。

◆ 情報の取捨選択

　「毎晩、深夜の3時ごろまで眠れない」という、不眠を例に考えてみましょう。不眠についての観察や記録といえば、認知行動療法で用いられる睡眠日誌（寝床に入った時刻、眠りについた時刻、目を覚ました時刻、寝床から出た時刻、昼寝や居眠りの有無、熟睡感、日中の眠気の有無などを記録する）のようなイメージをもたれるかもしれません。SFA でいう観察は、睡眠日誌ほど厳密さや細かさを求めません。むしろ、「何時に寝たか」など観察ポイントは1つだけに絞ることをおすすめします。

　毎晩3時ごろまで眠れないという悩みの場合、毎日3時ちょうどに寝られるのであればあまり悩むことはありません。ギリギリまで自由に過ごして、2時59分に布団に入ればいいのですから。しかし、そうはいきません。

　当然ながら、毎日3時ちょうどにスイッチが切れるかのように寝られているわけではありません。たとえば、ある日は「4時半ごろまで寝られずに布団のなかで寝返りを打っていた」、またある日は「珍しく2時前には眠ってしまった」というバラツキがあるはずです。SFA の観察課題では「えっ、2時前に寝られた日があったのですか！（Wow!）　その日はどうして2時に寝られたのでしょうか？」「その日はどのように過ごしたのですか？」などと質問し、（**SFA の哲学その2：もし一度やって、うまくいったなら、またそれをせよ**）と、例外を拡張していくわけです。

　4時半まで寝られなかったときの様子を聞き、たとえば「その日は、夜遅くまでお酒を飲みながらゲームをしてまして……」など、ほかの日との差異がわかれば、3時に寝られたときは例外（うまくいっているとき）になり、「うまくいっているときは深酒をしない」という情報が入るのです。「では、お酒はほどほどにしておきましょうか。ちなみに、遅くまでお酒を飲んでゲームをする日はどんな日ですか？」とうまくいかないときの行動を明確にします。そこ

で、相談者が「仕事でトラブルがあるとやけ酒をして夜遅くまで起きてしまう」などと語られれば「なるほど、仕事でトラブルがあった日にお酒を飲んでゲームをしてしまうのですね。次に、同じように仕事でトラブルが起きた日があったらお酒やゲーム以外で何かほかのことをするとしたら、どんなことができるでしょう？」などと、（SFA の哲学その３：うまくいかないなら、**何か違うことをせよ**）で、変化を与えることもできます。

◆ 観察は保留ではなく戦略である

SFA で用いる観察は「情報（差異）」を見つけるための積極的な観察であり、「介入方法がわからないからとりあえず、次回まで様子見しておこう」といった消極的なものではありません。

適切な観察課題では「何を観察すべきか」が明確でなければいけません。「とりあえず、次回までお子さんの様子を観察してきてください」とか「しばらくは見守りましょう」といったピントの外れた提案は避けるべきです。

問題解決に向けて「何について観察するか」「いつまで観察すればいいか」を相談者に聞かれたら丁寧に説明する必要がありますし、わざわざ質問されなくても相談記録には明記しておくのが当然です。そのうえで、適切でなければ修正します。それらのことができず、明確な意図がなく「様子を見ましょう」というのは、問題を長期化・悪化させるだけです。

私は大手通信制高校のオンライン・スクールカウンセリングを引き受けています。そのなかで、「小中学校で不登校になり、スクールカウンセラーなどから『見守りましょう』『様子を見ましょう』と言われて、そっとしてきました。中学は何もせずに卒業できたのですが、高校に入り、レポートやスクーリングがまったくできず困っています」という主旨の相談にたくさん対応してきました。スクールカウンセラーの「様子を見ましょう」「見守りましょう」が生徒本人はもちろん、家族の将来にどのような影響を与えるのかをしっかり意識すべきです。

もし、あなたがカウンセラーではなく相談する側であったり、ビジネスや日常生活で参考にしたいのであれば、「様子を見る」となった場合、「何について」「いつまで」様子を見るかを相手に尋ねましょう。そこで具体化できない場合は、「様子を見る」こと自体が単なる時間の浪費にすぎません。

◆ 提案しないことは現状の肯定

「観察＝『様子を見ましょう』」ではありません。たとえば、「しばらく様子を見ましょう」というコメントを、以前相談したカウンセラーから受けたという方に臨床の場で出会うことがあります。このときに「しばらくとはどのくらいか確認しましたか？」「様子を見るとは具体的に何についての様子を見ることでしょうか？」と確認すると、「さぁ、カウンセラーは教えてくれませんでした」「息子の様子を見ることだと思うのですが、よくわからなくて」といった答えばかりでした。

ブリーフセラピーでは、徹底的に相互拘束を重視し、「すべてはメッセージになりうる」と考えます。その視点から見ると、カウンセラーが具体的な根拠も目的もなく「様子を見ましょう」というコメントは、介入を保留しているのではなく、悪循環を放置するメッセージを与えたことになります。これは、相談者に対して大変失礼な行為です。

▒ SFA の技法③：スケーリング・クエスチョン

スケーリング・クエスチョンでは「今までで、比較的調子のよいときを100点、最悪のときを0点として、現在の状況に点数をつけるとするならば、何点ですか？」といったように尋ねます。数量化しにくい抽象的な事象について、クライアントがどのように受け止めているかを把握するための質問法です。

スケーリング・クエスチョンを開発したインスー・キム・バーグは1～10点のスケールを基本として、1～100点を使うこともありました。私たちが実際に使う場合には、100点満点でも、50点満点でも、10点満点でも構いません。また、最低点を1点ではなく、0点にしても構いません。スクールカウンセリングなどで子どもに使う場合は学校のテストなどと同じく0点から100点としたほうが理解されやすい印象があります。

このようにして、相談者がイメージしやすい物差しで状況をとらえると、漠然としていた問題がより具体的で立体的に見えてきます。使い方はさまざまありますが、私は主に次の4つの使い方をしています。

第5章 ●ソリューション・フォーカスト・アプローチ | 69

◆ スケーリングクエスチョンの4つの使い方

スケーリング・クエスチョンは、さまざまなものを数値化できます。ここでは、私が特に使っている「高さ」「差異」「自己評価」「解決への進捗」という4つの視点で紹介したいと思います。

①動機づけの「高さ」を数値化する

やる気というのは目に見えないものですが、スケーリング・クエスチョンによって可視化できます。「やります」「わかりました」「○○したいです」と言っても、それがどの程度なのか、カウンセラーとクライアントの間で共通認識をもつことができます。たとえば、以下のような質問です。

> 「あなたが問題を解決するために一生懸命やってみようという気持ちはどれくらいでしょう?」
> 「今回お願いしたことを実際にできる確率は何%ぐらいですか?」

②「差異」を明確にするために数値化する

スケーリング・クエスチョンでは、比較的よいときと悪いときの差異に着目した質問をします。この際のコツは、一度満点の状態をはっきりさせたあとで、点数を刻んで具体的に聞くことです。やみくもに、5点アップなどを聞くとゴールと同じ答えが出てくることがあります。丁寧に聞くことで、クライアント自身が問題解決のためのスモールステップをイメージすることにも役立ちます。

> 「ちなみに、100点はどんな状況になっていますか?」などと、100点のイメージをしっかり共有したうえで、
> 「先ほど、現在は40点ぐらいだとおっしゃいましたが、今より5点アップしたら何が変わるでしょうか?」
> 「前回から10点下がったのはなぜですか?」

③「自己評価」について数値化する

スケーリング・クエスチョンではクライアントの自己評価を尋ねることも

できます。家族カウンセリングや企業でのコーチングなどのときにその面接
でクライアントが、「とても状態が悪そうだな、点数低そうだな」と思える
場合でも、実際にこのスケーリング・クエスチョンを試すと「(100点満点中)
70点」などと高い得点を答えることがあります。そのようなときには、「えっ、
無理してませんか？　本当はもっと低いのではないですか？」などと聞いて
誘導してはいけません。クライアントから出た「70点」を活かして面接を
進めていきます。

> 「調子のよいときは100点、最悪だったときを0点として、現在何点
> ぐらいですか？」
> 「自信に満ちあふれていた当時を100点、一番自信がなかったころを0
> 点として、今は何点ぐらいですか？」

　自己評価を尋ねる際に私が気をつけるのは、「最悪"だった"とき」「自信
が"なかった"ころ」と**最悪の状態を過去形で表現する**ことです。このこと
により、「最悪だったのは過去であり、現在は違う」という暗示になります。
そのため、クライアントの答えも高値を示すことが多くなります。

④解決に向けた取り組みの「進捗」を数値化する

　進捗を数値化します。特に社会人にはこの質問がうまく入るように思いま
す。いっぽうで、子どもには答えにくい質問なので、この目的のスケーリング・
クエスチョンはあまり使いません。また、10点満点や100点満点にこだわ
らず、100％で尋ねることもできます。進捗を確かめるという意味でも％の
ほうが答えやすいようです。

> 「完全に問題が解消したときを100点として今何点ぐらいですか？」
> 「最初に相談してきたときを0点として、する必要がなくなるのは100
> 点だとすると現在何点ぐらいですか？」

　点数やパーセントのほかにも、よりクライアントがイメージしやすいスケー
ルを使うこともできます。たとえば、マラソンが趣味の会社員とのカウンセ

リングの場合「マラソンにたとえると 42.195 km のうち、今何 km あたりですか？」と確認することもできます。また登山が趣味の人には、「今何合目ぐらいですか？」と聞くこともあります。野球が好きな人には「野球の試合でいうと、いま何回あたりですかね」「延長に入らず 9 回で勝てそうですか？」などと聞くこともできます。

　マラソンなど点数ではないたとえを使う場合は気をつける点があります。それは、行きつ戻りつということをイメージしにくいことです。10 点満点や 100 点満点であれば「前回面接で、80 点まで行けたんですが、いろいろトラブルがあって今回は 50 点ぐらいに下がってしまいました」などという報告があっても「そういうこともありますよ」と問題なく対応できますが、「前回面接で、（マラソンにたとえて）40 km 過ぎたあたりまで来たといったのですが、5 km ぐらいに戻ってしまいました」となると、（実際にマラソン経験がある人なら余計に）絶望を感じて、場合によってはリタイア（中断）してしまうでしょう。このような一方向のスケールは、進捗を確認する質問に適しており、動機付けの高さや自己評価を尋ねる場合には不向きです。

◆ スケーリング・クエスチョンのコツ

　スケーリング・クエスチョンをするうえで、よくある失敗例は以下のようなものです。

■ スケーリング・クエスチョンのよくある失敗例

（子どもの不登校について相談に来た保護者に対して）

Co（カウンセラー）：いろんなことがあったんですね。今の A さんの生活を 100 点満点で表すと？

IP（相談で患者とみなされた人。くわしくは P11 参照）：30 点くらい。

Co：なるほど。その 30 点というのは，どういうことがあって 30 点なのですか？

IP：うーん、わからないです。

Co：そうですか。

スケーリング・クエスチョンをするのは、カウンセラーの判断ですので、う
まくいかなかった場合には、答えられない相談者が悪いのではなく、スケーリ
ング・クエスチョンを提案したカウンセラーの責任です。

　答えられるまで無理やり聞くのではなく、答えられない質問をしたカウンセ
ラーが何としてでも、よい話題に変えるべきです。

■ スケーリング・クエスチョンの工夫例

> Co：一番ひどいときっていつごろですか？
>
> Cl（クライアント）：（つらかったときを聞く）
>
> Co：ちょっと、変な質問をさせてもらいますが、とても調子がよいときを
> 100点として、今まで生きてきたなかで最悪の状態を0点として、現在何
> 点ぐらいですか？
>
> IP：30点ぐらいです。
>
> Co：なるほど、ちなみに最近下がってきている感じですか？　上がってき
> ている感じですか？
>
> IP：下がってますね。どんどん悪くなってきています。
>
> Co：そうなんですね。そんな大変ななか来ていただいてありがとうござい
> ます。下がってきているということですが、先週お電話をいただいたとき
> は何点ぐらいでしたか？
>
> IP：あのころは、まだ会話もできていたので40点ぐらいだと思います。
>
> Co：なるほど、1週間前は会話ができていて40点ぐらいだったけれど、現
> 在は30点ぐらいまで下がっている。もう1つ、答えにくければ無理なさら
> なくて結構ですが、0点だったとき、つまりこれまでで一番最悪の状態はど
> んな感じだったのですか？

◆ 点数を聞くよりも重要な効果

　ここまで書いたように、スケーリング・クエスチョンは漠然としている事柄
について、数値化することで変化を見えやすくする効果があります。しかしな
がら、私がスケーリング・クエスチョンの効果で一番助かっていることは、ス

ケーリング・クエスチョンを提示することで「最悪のとき」と「よかったとき」
があり、回答が常に変化していること。そして、大概の場合（最低点を答えな
ければ）、今は最悪のときよりはマシであることを相談者に暗示する効果です。

　もし「最悪のときよりはマシですよね」などといきなり乱暴な質問をしたら、
「今もとてもつらいです」とか「カウンセラーがわかってくれない」と思われ
るでしょう。しかし、スケーリング・クエスチョンを入れるだけで、「変化の
途上にある」という共通認識で会話を進めることができます。もし、最低点を
答えたとしても、無理なく話を進めることができます。

◆ スケーリング・クエスチョンを円環的に使う

　システムを活用してスケーリング・クエスチョンを使うこともできます。実
際にいくつかの質問法を紹介します。

「（子どもに対して）このことについてお母さんは何点ぐらいだと言うで
しょうか？」
「上司は今の進捗状況について何点ぐらいだと思うでしょうか？」
「（夫に対して）夫婦関係について奥さんは何点だと言うと、あなたは思
いますか？」

など

　このように、スケーリング・クエスチョンは円環的に質問をすることもでき
ます。個人的には、この使い方がお気に入りです。質問内容は動機づけの高さ、
自己評価、解決への進捗など、どの内容でも構いません。

◆ 情報に立体感を出すスケーリング・クエスチョン

　大事なことは、同じ質問をまず本人にすることです。本人の評価点を出して
おいたうえで、「ところで、あなたから見て○○さんは、同じ質問をしたら何
点と答えると思いますか？」と関係者の評価をイメージしてもらうのです。そ
れによって、点数の差異（情報）だけではなく、関係者とクライアントの差異
（情報）も浮かび上がってくるのです。この差異によって、二次元から三次元
になるような立体感が出てきます。このことには、次のような効果があります。

　①他者評価を入れることで変化を与える

いわゆる自己肯定感が低く、ネガティブ思考"のように見える"クライアントには効果的なことが多いです。本人はとても努力をしており、まわりはそれを認めているにもかかわらず「私なんて……」と否定的に考えてしまう。そして、その否定的な考えや本人の努力（解決努力）が悪循環を維持させていると見立てることがあります。

　このようなときには、「実際に確認してみましょうか？」と関係者に確認をすることができれば効果的です。

②関係者を仲間に加える口実にする

　関係者がその場にいない場合、「次回までに確認をしてきてください」とクライアントに頼むこともできます。うまくいかない場合は、次のセッションに関係者をよんで確認することをおすすめします。あえて、関係者を面接に参加させる（連れてきてもらう）口実として、このスケーリングを使う場合もあります。

　カウンセリングをする際には、家族に伝えてから来談する人ばかりではなく、配偶者に内緒で夫婦関係の相談に来た場合や、子どもに言わずに子育てについて相談に来た保護者の場合もあります。もちろん本人だけの相談でもうまくいきますが、相手を連れてくるとさらに短期で効果的な面接ができることがあります。その際に、「この点数、本当なのかすごく興味があります。次回、一緒にきていただいていいですか？」といった感じで提案をすることもできます。

◆ 確認する際のコツ

　スケーリング・クエスチョンで確認をする際に注意をすべきことは、クライアントが「関係者が答えるであろう」と当初予想した点数（評価）に対して、実際の関係者の方が同じぐらい、あるいはそれ以上に評価しているだろうと確信があるときに確認することです。クライアントの想像以上に関係者が低く評価している場合は、デメリットのほうが大きいので、私はそういう場面ではスケーリング・クエスチョンを使いません。

◆ 家族面接でのスケーリングの使い方

　夫婦面接を考えてみましょう。夫婦一緒に来談し、夫婦の問題や子育ての問題について話し合います。スケーリングをする場合がありますが、口頭で順番

に聞いていくと先に答える人が答えにくかったり、後で答える側が先の人が答えた点数に同調したり反発するなどの影響を受けてしまうことが多くみられます。そこで、以下の３つのような工夫をする必要があります。

①何を尋ねるのかを明確にする

　スケーリングをする場合、問題解決のやる気（動機づけ）や自己評価などについて自分自身のことを答えてもらうことが基本です。そのうえで、「来談しているほかのメンバーは、どのくらいやる気があるか（もしくは、自己評価をしているか）」などを尋ねます。さらに、「あなたがお相手（配偶者）のやる気（もしくは、自己評価）を何点と書いているか、予想を書いてください」とより円環的に尋ねることもできます。

②多様な答えを保証する

　このように円環的な質問をしていくのですが、その際は次のような前提を示すことが大事です。

　「今日はお二人がおそろいで、お越しいただいてありがとうございます。協力して問題に取り組まれていて心強いです。ところで、いくら協力している夫婦とはいえ、それぞれ別の人格ですので考えも違います。そこで、これからうかがう質問はそれぞれにお聞きしますので、当然違う答えが出てくると思います。その違いこそが大事ですので、率直に答えてください」

　このように断りを入れたうえで、必要なスケーリングをします。後で聞く人のときには、再度「考えが違うので答えももちろん違うこともあるでしょうが」などとあらためて伝えたうえで質問をしましょう。ここで、夫婦間の差異が見えることがあります。その差異について取り上げることで、問題が解決することもよくあります。

　まず回答を頭にイメージしてもらい、イメージできたら合図してもらい、全員がイメージできてから一人ずつ尋ねましょう。ほかの人の答えにつられた場合も「ちなみに最初は何点と考えていたのですか？」と確かめると、差異がわかります。

③口頭ではなく紙に書いてもらう

　複数人いる面接場面では、口頭ではなく紙に書いてもらうこともあります。たとえば、次のような提案です。

「紙をお渡ししますので、上にまず自分の点数をお書きください。下にお相手がどのように評価していると思うか予想を書いてください」

紙に書いてもらったあとは、いろいろな進め方があります。

○口頭で発表してもらう

→これは、先には答えにくかったり、後で答える側が先の人が答えた点数に影響を受けてしまうことを防ぎます。

○カウンセラーだけが数字を見る

→口頭で答えてもらうのではなく、「私が答え合わせをさせていただきます」と言ってカウンセラーだけが見ることもできます。この場合は次のアクションとして、

○紙を見せて全員で点数を共有する

○広げて共有はせず、本人ではなく相手に渡す（紙を交換する）

○カウンセラーが受け取ったまま、しまう

　ほかにもいくつもの方法が考えられます。これらのなかから問題解決に向けてどのようなアクションが有効かを判断するのがブリーフセラピーの楽しさでもあり、難しさでもあります。以下の例を見ていきましょう。

■ 事例 ● 夫婦合同面接でのスケーリング・クエスチョン

　子どもの問題行動に関して来談した夫婦の面接です。

　初回面接にて夫婦で来談。面接当初は、（コロナ禍前にもかかわらず）席を離してお互いに背を向けるようにして座っていました。夫が話し始めると、妻が夫から肩を遠ざけて身体をそらせているのが印象的でした。

　そのようななか、子どもの問題行動への対処について、カウンセラーは二人をねぎらいながら、「（夫婦どちらも）一人では対応していないこと」を明確に述べながら面接を続けました。ときおり、「もっと、夫（妻）が○○をしてくれたら」「××をしてしまうから（うまくいかない）」などとパートナーへの不満が出る際には、「相手を頼りにしている、期待の表れ」と、

第5章 ● ソリューション・フォーカスト・アプローチ　77

リフレーミングしました。

　お互いに相手を肯定する発言が見え始め、アイコンタクトの回数が増えてきたころを見計らい、カウンセラーは、次のように提案しました。

　「ここまで、ご夫婦の足並みがそろわないときはあったものの、お子さんの問題について、どちらも一生懸命に取り組まれてきたことがわかりました。そこで、少し変わった質問をさせていただきます。ご自身のお子さんに対するこれまでの取り組みと、お相手のお子さんに対する取り組みについて、これからお渡しする紙に、それぞれ、100点満点で記入してください」

　書き終わったあと、カウンセラーは紙を受け取り、点数を確認しました。点数はどちらも、記入した本人よりもパートナーの点数を高く評価していたのです。そこでカウンセラーは「あっ、ごめんなさい。大事なことを忘れてました。ちょっと理由も書いてもらえますか？」と伝えて、一旦紙を返しました。

　あらためて、夫婦がお互いに書き終わったのを確認し、「今度は私が受け取るのではなく、（ユーモラスな口調で）相手がどんなひどい点数をつけているか、ちょっと交換してみませんか？」と紙を夫婦で交換するように促しました。

　交換した紙を見て、母親はハンカチで目頭をおさえ、父親も照れ笑いを浮かべていました。

　次の面接で、子どもの問題行動が激減したことが語られました。

　この面接では、スケーリング・クエスチョンを行う前段階が重要でした。リフレーミングなどを用いて高く評価するように会話を構築していったのです。それでも、点数が悪かった場合は、理由を書かせたり交換したりすることなく、別のアプローチをしたでしょう。はじめからシナリオを考えておくのではなく、スケーリングの回答を受けて会話を構築していくのです。

　この面接で点数を書いた紙を交換できたのは、お互いに自分よりパートナーを高く記入していることをカウンセラーが知っており、なおかつ、私がわざとらしい口調で「どれだけひどい点数か」と発言したことで、交換しやすくしたからです。

言い換えると、点数を見た際にどちらもパートナーに高い点数を書いていたことにより、「紙を直接パートナーに渡して見せたほうがよい」とカウンセラーが拘束され、カウンセラーのわざとらしい口調やそれまでのやりとりなどが「交換してもよい」と相談者が拘束されたと"も"考えられます。

　この場合でも、もしカウンセラーの提案に対してどちらかが拒みうまくいかなかった場合は、拒んだ人が非協力的なのではなく、提案したカウンセラーが「空気を読めていなかった」だけです。

◆ 点数ではなく情報が重要

　何を尋ねるか（動機付け、差異、自己評価など）、誰について尋ねるか（本人、関係者、本人から見た関係者、関係者が本人をどう見ていると本人が考えるか、など）、どのように尋ねるか（タイミング、前振り、後始末など）、ほかにもさまざまなバリエーションがあり、柔軟に工夫ができるのがスケーリング・クエスチョンのよいところです（→ P155 の事例参照）。

　ここでも大事になってくるのはこの質問を行う戦略性です。面接内で流れ作業のようにただ数字だけを確認するのでは役に立ちません。

　スケーリング・クエスチョンには、カウンセラーによってのこだわりであったり、問題解決に対する哲学が見えたりするので、非常に興味深いところがあります。今回紹介したことも、私一人が考えるほんの一部分にすぎません。教えられたスケーリング・クエスチョンのやり方をそのまま実行するのではなく、「どうすれば、この場面で一番役立つだろうか？」と常に意識して、面接を工夫してください。

▦ SFA の技法④：コーピング・クエスチョン（サバイバル・クエスチョン）

　スケーリング・クエスチョンをする際に、たとえば、0 ～ 100 点の間で尋ねたにもかかわらず、「マイナス 20 点です」とか「0 点です」などと相手が答えることもよくあります。このようなときには、**コーピング・クエスチョン**が効果的です。

◆ ここでの「コーピング」とは？

コーピング・クエスチョンのコーピング（対処）は、認知行動療法の文脈におけるストレス・コーピングとは異なります。ストレッサー自体に働きかけて変化させたり、考え方や感じ方を変えようとしたりするのではなく、すでに今ここに存在すること自体がコーピングの結晶であると考えます。**行動変容させることが目的ではなく、現在の生活を肯定することが重要です。**

このように説明すると、「クライアントの現状を肯定することなんて無理」という意見も聞きます。確かに家庭内暴力やアルコール依存、摂食障害などの問題がある場合、その問題を肯定する必要はありません。「全肯定するか全否定するか」ではなく、肯定できるポイント（ソリューション）に焦点を絞り拡張していくのです。

一番確実なことは、"問題がありながらも、今日まで何とか生活を維持してこられた。そして、今相談に来ている"という事実です。ここで、「今まで何とか生活を維持してこられた秘訣」を聞いていくのがコーピング・クエスチョンです。すでに実践したコーピングであることが大前提であり、新しいコーピングをつくる必要はなく、コーピング数は1つだけで構いません。

もちろん、問題解決に向けて、別の対処法を提案することはありますが、少なくともコーピング・クエスチョンであつかうコーピングと区別して考えます。

◆ 実際の使い方

東日本大震災被災地で心理支援実践した際の事例をアレンジして、コーピング・クエスチョンの実際の様子を見てみましょう。大幅にアレンジを加えていますが、コーピング・クエスチョンの使い方がよくわかると思います。

■ 事例　東日本大震災被災地での心理支援にて

　自宅と家族、会社もすべてを津波で失った男性。仮設住宅を巡回訪問しているスタッフとの会話です。事前に男性の知り合いから、男性が「生きていても何の楽しみもない」と言っていることと、アルコールの量が増え、食生活の乱れが気になるとの情報がありました。

　男性宅を訪問すると、確かに、ごみ袋に入ったアルコールの空き缶やイ

80　第2部　ブリーフセラピーの道具を手に入れる

ンスタント食品のパッケージなどが目につきます。

　スタッフは自己紹介のあと、「仮設住宅に住む人に一軒ずつ訪問していて、みなさんに同じ質問をしている」と断ったうえで、震災から現在までの様子をうかがいました。男性はときおり涙を流しながらも、これまでの苦労の連続と一人暮らしになったさびしさなどを語りました。話を聞き終えると、スタッフは尋ねました。

　スタッフ「そのような、大変な状況のなかで、ここまでしっかりと仕事と生活を両立されているのはどうしてですか？」

　男性は、少しの間沈黙し、鼻をすすりながら次のように答えました。

男性「そりゃ、今すぐ死んで、早く家族のところに行こうと思ったよ。最初は。
　　でも、自殺して早く家族に会えたとしても、家族は喜んでくれないし。
　　仕事をすることを応援してくれているだろうから、俺ももう少しこっ
　　ちでがんばっているところを見せないとな」

スタッフ「なるほど、天国から見守っているご家族の期待に応えるために、
　　今精一杯仕事をされているのですね」

男性「そりゃ、そうさ。死んで向こうで家族に会ったときに『ほら、ちゃ
　　んと見てたか？』って、言えるように恥ずかしくない生活しないとな」

スタッフ「そうですね。実際に生活面で気にしていることはありますか？」

男性「いや、そんな特に気にしていることはないけれどさ」

スタッフ「ごめんなさい。突っ込んだことまで聞いてしまって。失礼しま
　　した。ご家族のことを常に意識して恥ずかしくないように行動されて
　　いるのですね」

　その後も、たびたび会話をすることがありました。その都度、仕事の調子などを聞いて、睡眠を削ってまで仕事をするなどの無理をしていないかを確認しながら、男性の生活を肯定していきました。

　しばらくすると、アルコールの量も減っていき、忙しいながらも簡単な自炊をするようになりました。

　コーピング・クエスチョンにおいては、質問をする前に肯定的な前提をつくることが大事です。先ほどの会話では「ここまでしっかりと仕事と生活を両立

されている」という部分がそれに当たります。肯定的な土台があるから、肯定的な言葉が引き出せるのです。同じ場面でも「いやぁ、お酒の瓶が転がっているし、インスタント食品ばっかり食べているようですが」といった前提を入れることもできるでしょう。しかし、当然ながら、このような前提では否定的なニュアンスが伝わり、否定的な言葉が返ってくることがほとんどです。相手の現状を「よくやっている」と肯定するからこそ「その秘訣」を聞けるのです。

　肯定することで肯定的な会話が構築され、否定的に尋ねることで否定的な会話が構築されやすくなります。このことはコーピング・クエスチョンに限らずブリーフセラピーを行ううえでは常に意識しましょう^(注2)。

　会話の後半のように、あまり具体的に聞こうとすると答えにくい場合もあるので、その際には「ごめんなさい。聞きすぎました」と素直に謝って質問を引っ込めるとよいでしょう。「答えられない」「わからない」といった否定で終わるのではなく、肯定的な状態で終わらせることが大事です。

◆ 言葉を引き出せないとき

　コーピング・クエスチョンをしても、あまりはっきりとした答えが出てこない場合があります。日本社会では、謙遜するコミュニケーションの傾向が強いため、「いえいえ、そんな別に大したことは……」と口ごもってしまうことも多いものです。その際に、いうまでもなく「ほら、何かあるでしょ？」「なんでわからないの？」などと責めるような対応をしてはいけません。相手を否定するなら、最初からコーピング・クエスチョンをしないほうがマシです。

　そのようなときは、「おそらくご自身では気づかないような自然にできてしまっていることがあるのでしょう。よろしければ、次回までにその秘訣が何なのかを意識してすごしていただけますか？」と観察課題にすることも有効です。

▒ SFA の技法⑤：ミラクル・クエスチョン

　ミラクル・クエスチョンとは、「今晩あなたが眠っている間に奇跡が起きて面接で語られた問題が解決してしまったとします。あなたは眠っているので奇跡が起きたことや、問題が解決したことは知りません。朝になって、どんな違いから奇跡が起きて問題が解決したことに気づくでしょうか？」というような

質問です。

　問題が解決したあとの生活をありありとイメージしてもらうことが目的です。クライアントが語り始めたらカウンセラーは熱心に聞き詳細に描写できるように質問を重ねていきましょう。そして、できる限り具体的で明確に実現可能な内容を引き出していきましょう。

　ミラクル・クエスチョンをしたあと、どのように活用するかはいろいろな方法があります。ミラクル・クエスチョンでよくある誤解として、奇跡が起きた状況をイメージしてもらい、そのイメージを聞き取ることがあります。極端に言えば、奇跡が起きた状況のイメージは、あまり重要ではありません。奇跡が起きたことに"どのようにして気づくか"が重要なのです。

◆ すでにある例外を明確にする

　たとえば「最近それに近い出来事があったのはいつですか？」と尋ね、すでにある例外を明確化していきます。

　「もし奇跡が起きたときのようにあなたがふるまったとしたら、お子さんはどんな反応をするでしょうか？」と尋ねます。

　肯定的な語りが引き出せた場合も、もしくは「わからない」という場合でも、「よろしければ次回面接までに一度そのふるまいを試してみてもらえますか？」と提案することもできます。

◆ 運任せの奇跡に注意する

　ミラクル・クエスチョンを行うと、その回答がクライアントの行動ではなく、運まかせであったり、家族や周囲の人まかせであることがよくあります。つまり、自分の対処方法は変えずに周りの変化を期待するということです。それは絶対に無理とはいえませんが、難しいし時間がかかります。ブリーフセラピーでは、クライアントの行動が変化することによって周囲に変化を波及させて問題を解消させるので、まわりの変化に頼ることは避けたいものです。

　たとえば、保護者が子どもの家庭内暴力を主訴とした相談のときに、ミラクル・クエスチョンの回答が「子どもが暴れずに親の言うことを素直に聞く」「子どもが家からいなくなる」「ひきこもっている子どもがフルタイムの仕事に就く」など、子どもが主語だった場合は不十分です。ほかにも「宝くじが当たる」とか「仕事を辞めても困らないだけのお金が手に入る」といった奇跡を答

える場合もあります。その際は、クライアント自身の小さな変化を問い直しましょう。

◆ さらに小さい変化を問い直すとは

「なるほど、とてもわかりやすいです」と受け止めたうえで、「もう少し小さいレベルの奇跡は何かありますか？　朝、目が覚めて気がつくかつかないかわからない程度の些細なもので」ともう一度聞いてもいいでしょう。

▦ どの質問法を選ぶか

本章では、ソリューション・フォーカスト・アプローチで開発された質問法を紹介しました。大事なことは「どう使うか」ではなく「使った結果どうなるか」です。ここでも「受け手が主役」なのです。「何を聞いていいかわからないからとりあえず質問する」といった使い方ではうまくいきませんし、相談者にとって大変失礼な態度です。

何を知りたいのか、それを知ることでどうなるのかはもちろん、「この質問をすると相談者は何をどのように考えるだろうか」と想像して質問を組み立てましょう。

> **まとめ**
> 質問することもしないこともすべて相手へのメッセージになることをふまえて、受け手のために適切な質問を探す

84　第2部　ブリーフセラピーの道具を手に入れる

･･･

注1：第1の禁止令と第2の禁止令だけではなく、第3の禁止令まであるのだからダブルバインド
（二重拘束）ではなくトリプルバインド（三重拘束）という表現が適切ではないかという意見
もあるだろう。あくまで、ダブルバインド仮説のポイントは、矛盾した不健全なコミュニケー
ションがなされることである。したがって、禁止令が二重だろうが三重だろうが、重要ではな
い。気になるのであればダブルバインド（二重拘束）とは、マルチバインド（多重拘束）である
と理解しておけば充分である。

注2：肯定すれば肯定していくように拡大していくことを相称的コミュニケーションという。いっ
ぽうで、相称的とは反対に、肯定すればするほど否定的になり、否定すればするほど肯定する
会話もある。いわゆる謙遜や謙虚といわれるときの会話などがそれである。あるいは、家族が
心配すればするほど「大丈夫だから、心配するな」と強がる場合もある。これを相補的コミュ
ニケーションという。コミュニケーションは、相称的か相補的のどちらかであると考える。そ
のため、相称的な場合は、相手に肯定的な言葉を言わせたければ、肯定的な声かけをすると
いった同方向の声かけが役立つ。いっぽうで、相補的な場合は反対方向のリアクションをする
ことが大切である。

第5章 ● ソリューション・フォーカスト・アプローチ ┃ 85

第3部

ブリーフセラピーの
面接を体験する

事例を解説する前に

第6章
観察するだけでも変化する

第7章
あえてやってみる

第8章
方針を示す

第9章
関係性をあつかう

事例を解説する前に

　ここからは具体的に事例を使ってブリーフセラピーのポイントをおさえていきます。その前に、いくつかお断りをしておきます。

①実際の事例を修正している

　ここで紹介する事例は、相談者の許可を得たうえで、内容に影響のない範囲でプライバシーに配慮した修正を行っています。

②情報は常に不足している

　ブリーフセラピーができるようになるためには、「情報は常に不足している」ことを自覚する必要があります。極端な例ですが、10歳の子どもの成育歴を聞き取る場合に、10年かけて聞き取る人はいません。聞き取れたとしても、当時の表情や機嫌などを正確に把握することは不可能です。もし10年かけて聞いたところで、20歳になったその子の役には立たないでしょう。コミュニケーションをする際に、私たちは情報の取捨選択をしています。その限られた情報のなかで、仮説を組み立てるため、常に仮説を修正できる柔軟性が求められます。

　本書で紹介する事例についても、当然ながらすべての情報を記述することはできません。私が取捨選択した情報のみであり、読者のなかには「必要な情報が足りない」と思われる方もいらっしゃるでしょう。情報の偏りを意識したうえで、「自分ならもっと別の情報を聞くのになぜ聞かないのか」「こんなどうでもよい内容になぜ注目しているのか」という情報の集め方についても、考えていただければ幸いです。

③事例の進め方とその解説は1つの見方であり模範解答はない

　ここで紹介するのは、あくまで私がカウンセラーとして対応した例です。これが正解だというつもりはありませんし、もちろんほかの人のやり方を否定するつもりもありません。ここで紹介する事例が無事に終結できたのは、相談者やその周囲が積み重ねてきた事情（文脈）があり、カウンセラー側の事情（文

88 ｜ 第3部　ブリーフセラピーの面接を体験する

脈）もあります。似たような事例があったからといって同じ対応をしてうまくいくとは限りません。反対にまったく違うように見える事例でも、ほとんど同じ介入を提案して問題が解消する場合もあるでしょう。使えるところは参考にしたり、もっとよくできるところは反面教師にするなど、自由に叩き台としてください。

▒▒ 一緒に考えていただきたいこと

これから紹介する事例は、ぜひ以下の点を意識して読み進めてください。

①相談者をねぎらう

まずは相談者の何をどのようにねぎらうのがよいか。「どんな人でも、ねぎらうポイントはある」という前提で話を聞いてください。「私がカウンセラーなら、あの部分をこのようにねぎらうだろうな」「自分が相談者なら、こういうふうにねぎらってもらえると、面接で話しやすいだろうな」などとイメージしていただくとよいでしょう。

②問題を特定する

"相談者にとって"の問題は何かを確かめてください。私たちは一人ひとり考え方も事実の受け止め方も異なります。「何でこんなことを気にするのだろう」とくだらなく思えたり、「えっ、これは大問題だと思うけれど、本人に危機意識がないのではないか」などと考えてしまうことがあります。しかし、自分の価値基準を押しつけるのではなく、まずは相談者がどのように現実を見ているのかを想像してください。

③相談者が問題に対してどんな対処をしているか

問題に対して、どのような対処行動がとられているかを確かめましょう。そのうえで、対処行動を大きくひとくくりでまとめてください。

このときに注意点があります。それは、「できる限り、"否定文"で表現すること」です。たとえば、登校刺激の場合は「学校に行かせようとする」という肯定文ではなく、「休ませない」「家にいることを認めない」などと、否定文にするように意識してください。否定文にしておくと、後で考える「反対のことを提案」がとてもやりやすくなります。また、リフレーミングの練習にもなります。もちろん、難しければ肯定文でも構いません。

●事例を解説する前に　89

④相談者が対処行動をとらなかったら、今と何が違うか

　問題行動に対する対処行動をもし行わなければ、問題行動はどうなっているでしょうか。行わないことで負担が減るのか、さらに問題行動が悪化するのか、現状と変わらないのか、想像してみましょう。

⑤これまでの対処行動と違う対応は何か

　③でこれまでの対処行動を否定文でひとくくりにしました。その否定文を肯定文に変えるだけです。先ほどの例でいえば、登校刺激を「学校を休ませない」「家にいることを認めない」と表現しました。これらと違う対応は、「学校を休ませる」「家にいることを認める」などが挙げられます。もちろんこれらとは異なる「旅行に連れ出す」などでも構いません。その場合も「学校を休ませる」というくくりのなかの1つの選択肢であることに変わりはありません。

⑥ほかに気をつけなければならないことはあるか

　リスク管理や今後のことなどで考えられることについて想定しましょう。たとえば、妄想などによって問題行動が引き起こされている場合、病院を受診させて薬を服用させることで問題行動の劇的な改善が期待できることもあるでしょう。家庭内暴力や虐待の事例では当然のことながら関係機関への通告の可否なども判断しなければなりません。

　本書では紹介しきれませんが、これらのリスクを考えていないわけではありません。きちんと判断したうえで、病院のすすめ方や通告する際の関係者の連携などにおいてもブリーフセラピーの視点はとても役立ちます。

第6章 観察するだけでも変化する

【事例】雷をこわがる小学4年生を心配する母親

　スクールカウンセリングの場面での事例を紹介します。小学生の子どもをもつ母親から次のような相談がもち込まれました。

> 　うちの子が、雷をとてもこわがっていて私から離れようとしません。登下校中や学校で雷が鳴ってもそれほど大騒ぎはしないようですが、家では大騒ぎをします。どうすればいいでしょうか？

　上記の少ない情報のなかで、みなさんはどのような想定をするでしょうか。以下の問いを考えてみてください。上記の情報だけでわからないことは「わからない」で構いません。

> **Q1. 一番の問題は何でしょうか。**
> （例：不登校、暴力、不適切な妄想をしてしまう……など）
> **Q2. 対処行動について、できるだけ否定形で表現してください。**
> （例：休ませない、暴れさせない、妄想をさせないようにする……など）
> **Q3. 対処行動の正反対の対応はどのようなことでしょうか。**
> （例：休ませる、暴れさせる、妄想させる……など）
> **Q4. 何か気をつけなければならないことは、考えられるでしょうか。**
> （例：登校の有無にこだわりすぎないほうがよい、「暴れさせる」という提案は危険であり提案しても実行しにくい、薬物療法の状況を確認……など）

● 初回面接

　雷雨が続いている時期に「子どもが雷の音を異様にこわがる」という母親からの相談がありました。母親の話をまとめると「雷鳴が聞こえると子

どもが不安がるので、いつも背中をさすったり、『大丈夫だよ』と声をかけるが、安心するどころかどんどんこわがってしまう」とほとほと疲れ果てた様子でした。

くわしく話を聞くと、登下校中や学校での雷は平気であるにもかかわらず、家で母親といるときだけこわがることがわかりました。このことから、雷が鳴るとこわがるのではなく、母親が子どもの背中をさすることが対処行動で悪循環になっていると見立てることができます。

カウンセラーはこれまでの母親の子どもに対する対応について肯定し、次のように伝えました。

「お母さんが背中をさすったり、安心させるような声かけを行うことはお子さんにとってとてもよい対応であり、何もしなかったらもっとこわがって不安定になっていたでしょう。お母さんが適切に対応しているからこそ、お子さんは雷をこわがりながらも日常生活ができていますね」

母親は「いやいや、そんなことありません。まだまだ子どもに関わりが足りないようで……。実家からは『もっと愛情をかけてあげなさい』と言われます。でもこれ以上どうすればいいのか、こんなに子育てが大変だなんて」と涙をぬぐいました。

カウンセラーは「いえいえ、充分すぎるぐらいお子さんに接していますよ。1回実験をしてみましょう。今度雷が鳴ったときにお母さんが背中をさすったり声をかけたりせずに、トイレに行くなどして、お子さんのそばを離れてみてください。そして、お子さんが何分ぐらいこわがるか、時間をはかってみてください。なるべく最後まで時間をはかってほしいですが、『もうこれ以上は放っておけない』と思ったら、トイレから出ていつも通りに対応して構いません。その判断はおまかせします」と伝えました。

(・ポイント) **提案することは現状の否定につながる**

母親が子どもの背中をさすることが対処行動になっているとしても、母親の行動を止めるには工夫が必要です。特に、介入前に母親をねぎらうことはとても重要です。**"新たな働きかけ方"を提案する場合、言外に"これまでの働きかけ方"の否定が含まれます。**

92 第3部 ブリーフセラピーの面接を体験する

この事例では、母親のこれまでの子育てを全肯定しました。背中をさするという解決努力も含めて、母親のふるまいを肯定し、子どもの背中をさするという対処行動を変えるために、トイレに入り時間をはかる提案をしました。これなら、背中をさすることはできなくなります。

● 第2回面接

　数週間後、母親が来談。

　母親によると「あのあと、実際に雷が鳴るときにそっとその場を離れて、子どもの様子を聞き耳を立てて、確認しました。すると、最初は大騒ぎして私のことを探していたのですが、私がいないとわかると、騒ぐのをやめて宿題をやっていました。私がそばにいないほうが本人は落ち着くようなので、それ以来、雷が近づくころには少し離れて過ごすことにしています。今では、私がいるときに雷が鳴ったときも、少しは驚くようですが、以前のようにこわいというアピールをしなくなりました」とのことです。

　カウンセラーは母親の機転の利いた対応に驚きを示し、母親の努力をねぎらいました。母親からは「でも、子どもが無理に我慢しているだけではないかと不安」との懸念が示されたため、「確かに我慢しているかもしれないので、雷が鳴ってなくてお母さんに余裕があるとき、たとえば寝る前やお風呂に入るときなどにこれまで以上に積極的にスキンシップをしてあげてほしい」と伝えました。

　それ以後も子どもだけでなく母親ともたびたび学校で顔を合わせますが、新たな問題はなく過ごしています。

　この事例では、母親が子どもの背中をさすったりして安心させようとする対処行動に対して、「時間をはかる」ことを提案し、変化が生じました。観察課題を提案することでこれまでの悪循環自体に介入できる場合もあります。

　時間をはかったとして、背中をさすったほうが短時間で落ち着くこともあり得ます。その場合は、「やはりお母さんがお子さんの背中をさするのは、適切ですね」と肯定して構いません。肯定的ダブルバインドとなっています。

● ポイント　カウンセラーが相互作用の視点に徹し切れているか

これまでの解決努力を止める介入をする場合、この事例のように「本人が子どもに我慢をさせているのではないか」「愛情不足なので、今は落ち着いても今後別の形で問題が発生するのではないか」といった疑問をもたれることがあります。ここで重要なのは、カウンセラー自身が「確かに相互作用だけでは根本的な解決になっていないな」「愛情不足で別の問題が出るかもしれないな」などと見ていないか自問自答することです。もし、そのような疑問に答えられないのであれば、相互作用 "で見立ててみる" ことに徹し切れていません。本書の第1部を何度も読んでいただき、少なくとも面接中は "相互作用で見立てる" ことに徹してください。そのうえで、「相談者が疑問に思うのはもっともなことだ」と受け入れるのです。相談者に相互作用の視点を身につけさせる必要はありません。しかし、カウンセラーがブリーフセラピーを行ううえで相互作用の視点に徹することは必須です。

● ポイント　システムの揺り戻し（自己制御性）に注意

カウンセラーが相互作用で見ることができていなければ、クライアントは再び解決努力を行って悪循環に戻ってしまいます。システムには揺り戻しの動きが必ず働くので、対応が変化した場合でも、「元の木阿弥」の状態になってしまうのです（→ P32 参照）。したがって、この揺り戻しを想定することが大事です。

ブリーフセラピーがうまくいかない人の多くはこの揺り戻しに対する準備をしていないと私は考えます。

● ポイント　疾病利得の悪循環

悪循環には、大きく2つのパターンがあります。1つは、たとえば家庭内暴力で、暴力をふるえば本人の要求が通ってしまうというような、問題を維持存続させる対処です。もう1つは、意図しない無視や嫌味によって、例外（調子がよいとき）を長続きさせないような対処です。行動分析を学んだ方には、問題行動を強化させ、なおかつ望ましい行動を弱化させているというほうが理解しやすいかもしれません。

94 ｜ 第3部　ブリーフセラピーの面接を体験する

この状態を、**疾病利得の悪循環**とよびます。
　子どもが雷に怖がると母親はスキンシップをし、子どもが平気で過ごしているときには、子どものそばから離れました。このことは結果として、子どもが雷を怖がるとスキンシップしてもらえ、雷が鳴らず落ち着いて過ごしていると無視されると見立てることもできます（図3-1）。疾病利得の悪循環を解消するには①雷を怖がっている（問題）ときのスキンシップを減らすか、②落ち着いている（例外）ときのスキンシップを増やすことが有効です。さらには、①と②を両方できればさらに効果的です。
　この事例では、「子どもが無理に我慢しているだけではないかと不安」という母親の言葉に対して、「余裕があるときに積極的にスキンシップをとってほしい」と答えました。「我慢している子に、余裕があるときにスキンシップをする」というのは、「もっと愛情をかけなさい」と言われつつ、ほとほと疲れ果てている母親の現状にも合致しています。雷はコントロールできませんが、「母親の余裕」はある程度コントロール可能ですし、雷と違って毎日でも実行可能です。

図3-1　疾病利得の悪循環

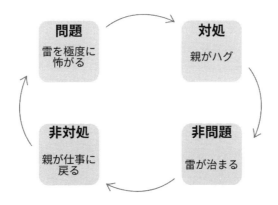

この事例のまとめ

(1) この事例の問題は、「雷を極度にこわがること」でした。

(2) 対処行動は、「安心させるために関わる＝こわがらないようにする」でした。

(3) 対処行動以外の行動としては、「こわがったままですごす」ことが考えられました。

(4) 気をつけることは、これまでの母親が子どもの背中をさするなどの対応を否定しないことです。こわがっている子どもを見れば「守ってあげたい」と思うのは親として当然であり、「子どもを守る」姿勢を活かした提案が必要でした。そこで、「お母さんの対応は正しい」という前提で「対応しない場合と比較する」という意味づけで対応しない場面をつくりました。

【事例】 小学生同士の仲が悪いときの解決法

あなたはスクールカウンセラーとして活動しています。女子児童から次のような相談がもち込まれました。

> 以前から、クラスの男子児童1名（Ａ君）と仲が悪く、毎日けんかをしています。この日は、1時間目の運動会の練習時に見学をしている女子児童らがほかの見学児童と雑談をしていたため、それをＡ君が厳しく注意しました。女子児童らの言い分としては、「確かにいけないことだが、Ａ君だってほかの児童と話したりふざけているし、言い方がむかつく。別にＡ君に直接迷惑がかからないのだから、そこまで言われる筋合いはない」とのことです。「あの性格を直してほしい、そして私たちの邪魔をしないでほしい」と言います。

上記の少ない情報のなかで、みなさんはどのような想定をするでしょうか。以下の問いを考えてみてください。上記の情報だけでわからないことは「わからない」で構いません。

96　第3部　ブリーフセラピーの面接を体験する

> **Q1.** 一番の問題は何でしょうか。
> **Q2.** 対処行動について、できるだけ否定形で表現してください。
> **Q3.** 対処行動の正反対の対応はどのようなことでしょうか。
> **Q4.** 何か気をつけなければならないことは、考えられるでしょうか。

初回面接

　午前中の休憩時間に女子児童数名が小学校のなかの相談室に入ってきました。以前から、クラスの男子児童1名（A君）と仲が悪く、毎日けんかをしているというのです。女子児童たち（クライアント、以下Cl）はこう言いました。
「あの性格を直してほしい、そして私たちの邪魔をしないでほしい」

SC（スクールカウンセラー）：わかった。何とかできないか考えてみるよ。ところでさ、そのためにはもっと情報が欲しいんだけれど、A君のいい部分って全然ないのかな？
Cl（クライアント）：うん、ない。

・ポイント　答えない場合は質問を変える

　相談者の「うん、ない」は、まさに即答でした。余談ですが、ソリューション・フォーカスト・アプローチを実践するときにも、例外を聞く際に考える気もないかのような早さで「（例外なんて）ありません」と否定されることがあります。このときに、「そう言わずにもっとちゃんと考えてみてください」と尋ねると、**質問する→否定する→より深く質問をする→より強く否定する**という悪循環（図 3-2）に陥り、失敗します。

　相手を変えるには、まずは自分から変わる必要があります。別の聞き方をしましょう。大きく変える必要はありません。小さく変えていきましょう。この事例ではいい部分といわれても子どもにはわかりにくいので、少し表現を変えます。

第6章 ●観察するだけでも変化する｜97

図 3-2 質問攻めの悪循環

初回面接の続き

　SC は大げさに驚き、顔をしかめて、質問を続けました。
SC：ほんとにほんと？　いつも怒っているひどい男なの？
Cl：いや、そこまでじゃなくて、ニコニコしているときもあるよ。
SC：えぇ！　そんな機嫌のいい日は、最近あった？
Cl：おととい。
SC：そっか、そのときはどんな様子だったの？
Cl：うん、ニコニコしていて、こっちの嫌がることを言うこともなくて、一緒に話してた。
SC：なるほど、ほかにやさしくしてもらったときはないかな？
Cl：音楽の時間、教科書忘れたときに隣に座っていて見せてもらった。

・ポイント　カウンセラーの主張じゃなく相談者の主張に沿って話す

　先ほどまで「ない」と即答していたにもかかわらず、このように聞き方を工夫すると、驚くほどあっさりと答えてくれることがあります。ここで「なんだ、やっぱりいいところもあるじゃん」などと「ある」前提で受けるのではなく、「えっ、あったの⁉」という驚きの姿勢を示すことが重要です。ソリューション・フォーカスト・アプローチを開発したインスー・キム・バーグが多用した「Wow!」です。あくまで、「受け手主体」で話を進めます。

初回面接の続き

　休み時間の10分程度でクロージングしなければいけないので、早速介入
に入ります。

SC：そうかそうか、君はちゃんと相手のいいところにも気づいているなん
てえらいね。すごいよ。立派だ。そこで、ちょっと、お願いがあるんだけれど、
いいかな？

Cl：うん。

SC：ちょっと難しいお願いだよ。これはいつも大人の人にお願いすること
なんだ。だから小学生には難しいけれど、君たちならしっかりしていても
う大人だし、このくらいできそうだと思うんだよね。

Cl：えっ、大人なわけないじゃん。小学生だよ。

SC：いや、これだけしっかりしていれば、立派な大人だよ。でさ、A君の
いいところを観察してきて、僕でもいいし、担任の先生でもいいから報告
してくれないかな？

Cl：うん。

SC：そっか、じゃあ報告を楽しみに待ってるよ。

・ポイント　　難しいお願いという文脈

　「ちょっと難しいお願いだよ。これはいつも大人の人にお願いすることなん
だ」という前提を入れています。この前提を入れることで、介入を実行すれば「大
人がやるような難しいことをよくできた」と女子児童をたたえることができま
すし、女子児童が介入を実行しなくても「やっぱり難しかったか。大人レベル
の難しいことを提案してごめん」とカウンセラーの責任に帰属できます。どち
らに転んでもうまくいく肯定的ダブルバインドではありませんが、「介入を失
敗してもゼロのままでマイナスにはならない」という前提をつくることができ
ます。

第6章 ●観察するだけでも変化する　│　99

その日の昼休み

Cl：先生、A君のいいところ見つかったよ！

SC：おお、すごいなぁ。早い！

Cl：給食のときに、A君が給食当番だったんだけれど、私が好きなスープだったから順番待ちながら『あ、私これ好き』って友だちと話してたら、スープたくさん入れてくれた。

SC：おお！

Cl：あと、休み時間に教室のなかで移動するときにすれ違って、いつもは通せんぼしたり、わざとぶつかってきたりするのに、向こうがどいてくれた。

SC：へぇ〜、すごいね。こんなに早く2つも見つかるなんて。150点あげちゃう。スープ多く入れてくれたときはありがとうって言った？

Cl：言ってない。

SC：そっか、まあ教室に帰ったら「スープありがとうね。おいしかったよ」って言えたら200点だね。また、来週も相談室に来て教えてね。

　この日を境に、女子児童たちとA君のトラブルは激減した。

　あとから担任の先生にうかがった話ですが、以前はA君のいるところで女子児童たちはA君をチラチラ見ながら、A君に聞こえるような声の大きさでわざわざA君の悪口を内緒話のようにしたり、すれ違うときに「さわらないで、シッシッ！」などと、A君を露骨に避けるような態度をとっていたそうです。その態度に対して、A君はイライラして「なんでそんなことするんだよ」などと女子児童たちに怒りをぶつけ、女子児童たちが「あなたに関係ないでしょ、こっち来ないでよ！」などと言い返すことでいざこざに発展していたようです（図3-3）。

　観察課題を提案したことにより、女子児童たちがA君を露骨に避けるような態度や、わざとA君を見ながら内緒話をするようなことがなくなりました。それによって、A君は女子児童たちにいら立つことがなく穏やかに過ごすことができるようになりました。A君が穏やかにふるまうことで女子児童たちもA君に言い返したり、内緒話をしたりする必要がなくなり、いざこざが生

100　第3部　ブリーフセラピーの面接を体験する

図 3-3　児童のいざこざの悪循環

じなくなった（別の拘束を与えた）わけです。

　このように観察課題を提案するだけでも相互作用に影響を与えて、今までのパターンを変えることもできるのです。

この事例のまとめ

(1) この事例の問題は「A君が邪魔をしてくること」でした。
(2) 対処行動は「拒絶する＝近づかせないようにする」でした。
(3) 対処行動以外の行動としては「近づいていく」ことが考えられました。
(4) 気をつけることは、相談に来た女子児童たちは「A君の性格が悪い」ととらえている点です。女子児童の話を肯定してしまうと「A君はやっぱり性格が悪い」というストーリーがどんどんできあがってしまいます。いっぽうで、問題を解決するためにせっかく相談に来てくれた女子児童たちの受け止め方を否定するのもまずいでしょう。女子児童たちを肯定しつつも「A君の性格が悪い」というストーリーは避けなければいけません。そこで、女子児童の力をできる限り肯定したうえで、「これだけすばらしいあなたたちなら、A君のいいところを探せるでしょう」という主旨の提案をしました。

第7章 あえてやってみる

【事例】震災のあとから眠れないという小学2年生

東日本大震災の被災地でのスクールカウンセリングの事例を紹介します。
小学2年生の担任から次のような相談がもち込まれました。

> うちのクラスの女子児童が夜中眠れないそうです。保護者もとても心配していて、ぜひ本人のカウンセリングをしていただけませんか？

上記の少ない情報のなかで、みなさんはどのような想定をするでしょうか。以下の問いを考えてみてください。上記の情報だけでわからないことは「わからない」で構いません。

Q1.一番の問題は何でしょうか。
Q2.対処行動について、できるだけ否定形で表現してください。
Q3.対処行動の正反対の対応はどのようなことでしょうか。
Q4.何か気をつけなければならないことは、考えられるでしょうか。

● 事前情報

担任からは「東日本大震災後、被災地ではしばらくの間大きな余震が続いた。その揺れがトラウマとなり、不眠の要因になっているのではないか」という情報がありました。家庭でも同様の判断をしており、基本的には一人で布団に入るものの、本人が寝つけなかったり、夜中に目覚めるときには、子どもの不安を和らげるために、母親が添い寝をしたり背中をさするなどの対応をしていたといいます。

102 第3部 ブリーフセラピーの面接を体験する

ここまで聞くと、「"眠ろうとする"が"起きてしまう"」という悪循環を仮説として考えることができます。本人と面接をする際は、この仮説を踏まえて面接をしていくことになります。

　当然ながら仮説が違うこともあります。仮説はあくまで仮説です。少しでも違う場合はすぐに仮説を消去して話を聞きます。

● 初回面接

　　東日本大震災被災地心理支援での小学生女子（Bさん）からの相談です。夜布団に入っても眠れず、夜中に目が覚めてしまうと言います。日中に眠くなることなどはないが、夜中に真っ暗な部屋で目を覚ますのがこわいとのことで、「目をぎゅーって閉じて、寝ようとするのだけれど、ぜんぜん眠れない」と言います。

　具体的には、「目をぎゅーって閉じて、寝ようとする」という対処のほかにどのようなことをしているか確かめます。本人だけでなく保護者も何か働きかけをしているかもしれません。その内容を聞いて「眠ろうとする（眠らせようとする）」クラスにまとめられるかを確認していきます。

● ポイント　介入のリスクを考える

　事前情報で「"眠ろうとする"が"起きてしまう"」という悪循環を仮説として考えました。そうであれば、「今までのような、眠ろうとする解決努力をするのではなく、起きるようにする」ことがよさそうです。

　では、起きるように提案した場合のリスクを考えましょう。私は、2つのリスクを考えました。1つ目は翌日の授業中に眠くなること。2つ目は本人や保護者が不安になってしまうことです。ただ、起きているように伝えるだけでは、「朝まで起きていたらどうしよう」「親も寝ないで一緒に起きているほうがいいのか（翌日の仕事に影響が出る）」「子どもを夜中まで起こしておくことが虐待にならないのか」などと考えてしまうかもしれません。

　事前にカウンセラーから保護者に説明はしますが、実際にその場面になると

第7章●あえてやってみる　103

新たな不安が頭をよぎり「やっぱりやめておこう」となることがあります。これらのリスクに対応することで、成功の可否が決まります。そして、万が一こちらの提案を実行しなかった場合、「ただ不安を増やしただけ」になってしまいます。もちろん介入はするほうがよいのですが、介入をすることによってデメリットが生じるなら避ける必要があります(注1)。

ここまでの見立てから、この事例では「寝る練習として起きること」を提案しました。この提案であれば、「ちゃんと練習してるね」などと声かけをする程度で、保護者は今まで通りの対応ですみます。担任から聞いた「まじめで何事にも一生懸命がんばる子」という枠組みからも「練習」という文脈はうまく入りそうです。

● 初回面接の続き

　　カウンセラーは「意識すればするほど、うまくできないことってよくあるよね。僕も子どものころ運動会で行進するときに足と手の動きがわかんなくなってさ。考えれば考えるほど、混乱して、結局手と足が一緒に動いちゃうんだよ……」と、カウンセラー自身の失敗談をユーモラスに説明しました。

　　続けて、「うまくいかないときは充分な練習が必要だよ。だから、毎晩3回練習をしよう。いつものように布団に入って寝て、1回起きたら、練習1回終了。そしてまた寝て、もう1回起きたら、練習2回目終了ね。そんな感じで3回練習をして、4回目で本当に眠っていいからね。もし眠れない場合は、練習が足りないからあと3回練習をしてください。練習の途中で疲れたら、そのまま寝ちゃってもいいことにしてあげるよ」と伝えました。

　　翌週、学校でBさんに会うと、「あの日からぐっすり眠れるようになったから、寝る練習はしてない」とのことでした。カウンセラーは喜びを全身で表現しつつ「練習やってないのか、残念だなぁ～」と笑顔で応じました。そして「この1週間は、たまたまよく眠れたけど、それだけぐっすり眠れたら、今夜からまた眠れなくなるんじゃない？　もし眠れないときがあったらぜひ試してみて」と伝えました。その後も、毎週学校で顔を合わせましたが、特に問題なく過ごしています。担任や家族からも特に新たな訴え

104　第3部　ブリーフセラピーの面接を体験する

はありません。

　この介入は肯定的ダブルバインドになっています。つまり夜中起きれば練習熱心な証拠であり、（ぐっすり寝てしまい）夜中起きられなければ、それは問題が解消したことになります。
　実際、この事例では練習した途端に眠れました。「寝なければ」という解決努力を無効にしたのです。

> **●ポイント**　一貫してパラドクスを仕掛ける

　眠れるようになったとしても、再び悪循環（図 3-4）に陥ることを防ぐためには、「眠るために起きる」という拘束を維持する必要があります。
　「眠れたんだね、よかった。これからはもう安心して眠れるね」などと言ったら、「眠ろうとする」という解決努力に戻って再び悪循環に陥るかもしれません。したがって、「この１週間は、たまたまよく眠れたけど、それだけぐっすり眠れたら、今夜からまた眠れなくなるんじゃない？　もし眠れないときがあったらぜひ試してみて」と引き続き、パラドクスを仕掛け続けるのです。
　あくまで「起きなよ」と言い続けることで「眠れる」ように拘束するのです。

図 3-4　不眠の悪循環

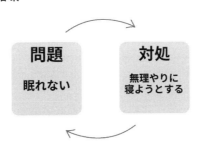

この事例のまとめ

(1) この事例の問題は「眠れないこと」でした。

(2) 対処行動は「寝ようとする＝起きないようにする」でした。

(3) 対処行動以外の行動としては「寝ない＝起きる」ことが考えられます。

(4) 気をつけることとしては、小学生に「起きる」という提案をするのは保護者の理解がないと難しい点でしょう。また寝ようとがんばっていた本人の努力を否定していると受け取られないように気をつけました。

【事例】 兄弟げんかが激しく目を離せなかった母親

あなたは自治体の相談機関のカウンセラーとして活動しています。2人の兄弟をもつ母親から次のような相談がもち込まれました。

> 相談者は母親です。小学5年の長男と小学2年の次男がいます。母親は数か月前に離婚をしました。
>
> 母親と兄弟の3人家族で過ごしはじめてから、兄弟げんかが絶えず、母親は困り果ててしまい、考えすぎるあまり食欲もなくなり、夜も眠れないと言います。

上記の少ない情報のなかで、みなさんはどのような想定をするでしょうか。以下の問いを考えてみてください。上記の情報だけでわからないことは「わからない」で構いません。

Q1. 一番の問題は何でしょうか。

Q2. 対処行動について、できるだけ否定形で表現してください。

Q3. 対処行動の正反対の対応はどのようなことでしょうか。

Q4. 何か気をつけなければならないことは、考えられるでしょうか。

106　第3部　ブリーフセラピーの面接を体験する

初回面接

　初回の面接で母親は長男を連れて来談しました。軽い自己紹介のあと、ま
ず、長男に別室へ行ってもらい、母親と話をすることにしました。

　「これまでは、とてもよい子で私のお手伝いなどもよくしてくれました。
でも、3人で住み始めた途端いじわるになり、いちゃもんをつけては次男を
いじめます。ここ数年、夫婦の問題で子どもを犠牲にしてきた部分もあり、
知らず知らずのうちに傷つけてしまったのかもしれません。私としては父
親がいなくても寂しい思いをさせないようにとなるべく時間を確保して一
緒に遊ぶように努力してきたのですが……どうすればいいでしょうか？」。
母親は、終始ハンカチを握りしめ、涙声で細々と話していました。

　カウンセラーは、忙しいなかで面接に来てくれたことに感謝を伝え、ひ
とり親として仕事と子育てを両立していることをねぎらいました。そして、
別室にいる長男と交代するように伝えました。

　次に、入れ替わりで長男と話をします。長男は「ママに無理やり連れら
れてきた。早く帰ってゲームがしたい」とふて腐れている様子でした。

　カウンセラーは「イヤイヤながらもお母さんにつき添ってきてくれてあ
りがとう。ゲームがしたいにもかかわらずイヤイヤながら来てくれるなん
て、本当にお母さんのことを大切に思っているんだね」と長男に伝えました。
その後、ひとしきりゲームの話をしました。問題に関する話はほとんどせず、
時間になったところで母親をよびに行ってもらいました。

　長男とは問題についてそれほど話さないほうがよいと思いました。長い時間
話すことでカウンセラーが粗探しをして「その問題を解決しなくては」などと
考えてしまっては、わざわざカウンセラーが悪循環をつくり出すだけです。

　とはいえ、あまり短い時間で母親を戻しても母親としては「カウンセラーは
ちゃんと息子と話してくれたのか」と不安になるかもしれません。その不安は
プラスには働かないでしょう。

第7章●あえてやってみる　107

・ポイント 　時間もメッセージになる

　面接時間の長短もメッセージになります。ここでは、ゲームなど関係ない話をして子どもとの面接時間を稼ぎました。

　このときにカウンセラーがゲームの話をせずにすぐに子どもを戻したらどうなったでしょうか。母親としては「カウンセラーは子どもの話を全然聞かない」「子どもの話を聞かないで何がわかるのだろう」「このカウンセラーを信用していいのだろうか」などと不安になるかもしれません。あるいは「子どもではなく私に原因があるから、私と話す時間が長いのだ」と自分を責めるきっかけになることもあります。「カウンセラーが時間をかけて子どもと話した」と母親が受け止めることで、その後の介入の成果が変わります。

　夫婦面接を行う場合に、いっぽうに退出してもらい一人ずつ面談をすることがあります。あるいは、別室で別のカウンセラーが並行で面接をすることもあります。そのときに、明らかに所要時間が異なると、夫婦に拘束を与えます。たとえば、自分より相手のほうが長時間面接をすることで「相手は私のことを延々とカウンセラーに話しているに違いない」と思うかもしれませんし、「相手が悪いとカウンセラーも思っていて説得してくれているはずだ」と期待するかもしれません。受け止め方は、そのときの関係性や文脈によっても異なりますが、面接の時間配分をどうするかも戦略的に考える必要があるのです。

　ブリーフセラピーを始めたばかりの方は、時間配分まで考えるのは難しいでしょう。また、具体的にねらいをもって時間配分を組み立てても、その意図通りに進行するとは限りません。私の場合も、むしろ想定外の時間配分で進むことが多いです。細かい時間配分を考えて面接をするなどと完璧を目指す必要はありません。

　1つの手としては、一人ずつ分けて話す前に「それぞれ10分ずつお話を聞きます」と宣言したうえで、時間通り進めることもできます。

　細かく考えるのではなく「時間配分もメッセージになる」ということを頭に入れておくだけで構いません。それだけで夫婦面接の質が向上します。

介入1

　母親を相談室に戻したあと、母親と長男を前に、カウンセラーは次のようにコメントしました。

　「（長男のほうを向き）お兄ちゃん、今日は来てくれてありがとうね。ゲームをやりたいところをお母さんのために来てくれて、本当にありがとう。おかげでとても参考になりました」。

　次に母親のほうを向き、「お母さん、（長男は）お母さん思いのやさしいお子さんですね。こんなにしっかりしていることからも、お母さんがしっかりと子育てをされてきたことがわかります」とコメントしました。母親は恐縮した様子で、いっぽうで長男は「お母さんって、怒ると怖いんだよ。グチグチグチグチうるさいんだ」と口をとがらせるものの、顔はニコニコしていました。

　【介入1】について、カウンセラーは長男に対し「ゲームをやりたいところを（…中略…）本当にありがとう」と伝えています。来てくれただけで感謝をしているので、もしこのあとの介入をやらなくてもすでに来所した価値があります。これで、介入に対して長男が断りやすくしました。断りやすいことで断ることができるのに本人の意思でやると決めることで成功する確率を高めています。

　母親には「お母さん思いの（…中略…）しっかりと子育てをされてきたことがわかります」と伝えました。"このケースでは"長男が面接に同行したこと自体を母親のそれまでの子育てを肯定する意味づけに使いました。

介入2

（長男の「お母さんって（…中略…）うるさいんだ」を受けて）

　カウンセラーは「そうなのか」と大きくうなずいて、「イヤイヤながら、お母さんについてきたのだから、イヤイヤついでに1つやってほしいことがあるんだ。今からお願いすることは、大人でも失敗するくらいかなり難

しいことなのだけど、ぜひ君にやってほしい」と伝えました。

●ポイント 嫌がる前提で進める

このとき、カウンセラーは2つの前置きをしました。

まず、1つは「イヤイヤながら（…中略…）やってほしい」です。この前提を入れることで、長男が拒否をしても、「そうそう、イヤだよね。だからイヤイヤやってほしいんだ」とその態度に同調できます。もしカウンセラーの言葉に反して「全然イヤじゃないよ」となれば、「なんて君はいい子なんだ。じゃあ、よろしく頼んだよ」と提案を進められます。

もう1つは、「大人でも失敗するくらいのかなり難しいこと」という前置きです。これにより、この介入が失敗したとしても、それは子どもの責任でも親の育て方の責任でもなく「難しいことを提案したカウンセラーが悪い」となります（→ P99 参照）。

どちらの前置きも、素直に受け止めても反発しても OK という肯定的ダブルバインドになっていることがおわかりいただけると思います。

● 介入3

続けて、「何をするかといえば、この夏休み中に少なくとも3回、わざと弟とけんかをしてほしい。3回が無理なときは、最低1回はわざとけんかをしてほしい。もちろんわざとけんかをするのが3回だから、わざとじゃないけんかは今までどおりドンドンドンドンしてよいからね。ただし、暴力はダメ。殴ったり蹴ったりするのは反則です。僕がお母さんに怒られちゃうからそれは絶対にやめてね」と言い、長男がうなずくのを確認します。そして、戸惑っている母親のほうを向いて「お母さんは、夏休みに行われるけんかのどれが『わざとのけんか』で、どれが『本当のけんか』なのか当ててください。そして、1か月後にここで答え合わせをします」と伝えました。

●ポイント ルールを決める

ここで、リスク管理についてふれています。「暴力はダメ。殴ったり蹴った

110 ｜ 第3部 ブリーフセラピーの面接を体験する

りするのは反則です」と明確に危険な行動を止めています。

特に演技課題の場合には、演技の範囲を伝えてあげることが大事です。これには大きく2つの理由があります。1つは、演技の範囲を伝えることで、当てる側（今回で言えば母親）も演技課題に安心して参加できます。そして、もう1つの理由は、演技のときの範囲を設定すれば、もし演技ではない場合でもその範囲を超えにくくなるからです。

範囲を決めたうえで、「僕がお母さんに怒られちゃうからそれは絶対にやめてね」とカウンセラーのためにという理由をつけ加えています。これは、面接で浮かび上がってきた「イヤイヤでも母親についてくる」「お手伝いなどもしてくれるとてもよい子」という長男の肯定的なイメージを利用して、「カウンセラーを助けてくれる協力者」にしているのです。カウンセラーを助けてくれる協力者にするために、母親を退出させて長男と面接をしたときに、ゲームの話題で盛り上がって関係性をつくりました。

● 介入4

長男は「あいつとけんかするのなんて簡単なんだよ。首筋コチョコチョするだけでムキになって、向かってくるから面白いんだ」と得意げに話します。すると隣に座る母親が「また、あなたは余計なこと言うんだから」と長男の膝を軽く叩いて軽口をたしなめました。

その様子を見たカウンセラーは、大げさに慌てて長男の口をふさぐようなふりをして「ダメだよ、今言っちゃったら。お母さんにわざとだってバレちゃうじゃん。お母さんにヒントを教えるなんて本当に君はやさしいね」とコメントをして、初回の面接を終了しました。

ポイント ポジティブ・リフレーミング

ここで長男は、弟へのけんかの売り方を説明してくれました。隣に座る母親は少しうんざりした表情で長男をたしなめます。そこで私は「お母さんへのヒント」とポジティブ・リフレーミングしました。このリフレーミングは肯定的ダブルバインドになっています。「お母さんへのヒント」になったことで、長

第7章 ● あえてやってみる　111

男が母親に告げ口をすればするほど「お母さんを助けようとたくさんヒントを
与えるやさしい子」となり、ヒントを言わなくなれば「余計なことを言う」と
いう母親の心配事がなくなります。

第2回面接

> 1か月後（夏休み終盤）の面接、母親のみの来談。
> 長男は次男と子どもだけで親戚の家に1週間ほど泊まりに行っていると
> のこと。母親は開口一番「先月、面接から帰った日の夕方から、まったく
> けんかをしなくなりました。夏休みでほぼ1日中一緒にいるので最初はビ
> クビクしていたのですが……だから先生に言われたわざとのけんかか、本
> 当のけんかを見破ることができませんでした……」と申し訳なさそうに
> 話していました。
> カウンセラーは「そうですか。こちらの提案ミスなので気になさらずに。
> 前回は兄弟だけにすると危険だからとお兄さんだけ連れてきましたが、け
> んかをしなくなって、兄弟だけで親戚にまかせることができるなんて、本
> 当に変わりましたね」と伝えました。
> その後、半年ごとにフォローアップを行っていますが、特に問題もなく
> 家族3人仲よく過ごしているという報告を受けています。

【介入2】で2つのパラドクスが役立ちました。どちらも介入をやらなくて
もよいというメッセージでした。このメッセージは長い間効果を発揮します。
このパラドクスを事前に仕掛けておいたおかげで、「けんかを見破ることがで
きませんでした」と申し訳なさそうにする母にも「カウンセラーが悪かった」
と伝えることで罪悪感を解消しました。

今回は兄弟の不仲に悩む母親の相談事例をもとに、肯定的ダブルバインドの
使い方を見ていきました。細かい工夫をしていることと、本人の発言や（イヤ
イヤでも来談しているなど）具体的な事実にもとづき、解決を構築しました（図
3-5）。

私のやり方では、肯定的ダブルバインドを小さい「くさび」のように面接の

図 3-5　兄弟げんかの悪循環

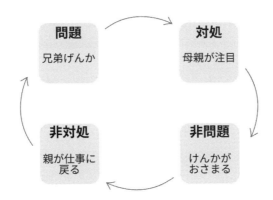

なかに細かく打ち込みながら問題を切っていきますが、大ナタをふるうように1つの肯定的ダブルバインドで仕留めるセラピストもいます。この辺りは、ブリーフセラピーを実践する人のなかにもいろいろな違いがありますので、いろいろな事例を見ていくとよいと思います。

この事例のまとめ

(1) この事例の問題は「兄弟げんか」でした。
(2) 対処行動は「けんかをしないようにする（見張る）」でした。
(3) 対処行動以外の行動としては「けんかをさせる」ことが考えられました。
(4) 気をつけることは、けんかをけしかけてけがでもさせたら大変だという点です。もちろん「けんかをけしかけることで、けんかをしないようになる」のが目的ですので、うまくいけばけんかをしませんが、最悪を考える必要があります。

そこで、実際には「暴力はダメ」と母親の前でルールを共有しました。

第 8 章 方針を示す

【事例】メールカウンセリングで解決するには

企業の EAP（Employee Assistance Program：従業員支援プログラム）での事例です。

メールカウンセリングですが、文面はプライバシーに配慮して修正し、改行を極力減らしてあります。

> 長男が学校でいじめを受けて転校したものの、その後も不安定な状態になっています。妹も赤ちゃん返りをしているようで甘えてきます。私自身は、がんの手術があり入院予定ですが、この状況では家を離れることができません。どうすればよいでしょうか。

上記の少ない情報のなかで、みなさんはどのような想定をするでしょうか。以下の問いを考えてみてください。上記の情報だけでわからないことは「わからない」で構いません。

> **Q1.** 一番の問題は何でしょうか。
> **Q2.** 対処行動について、できるだけ否定形で表現してください。
> **Q3.** 対処行動の正反対の対応はどのようなことでしょうか。
> **Q4.** 何か気をつけなければならないことは、考えられるでしょうか。

● 1通目：相談者→カウンセラー

はじめまして。

11歳の息子と 7 歳の娘がいます。

家族が崩壊しそうで、ちょっとヒントをいただきたくて、メールでご相談

114 　第 3 部　ブリーフセラピーの面接を体験する

させていただければ、と思いました。

小5の息子がやんちゃな同級生を注意したことがきっかけで、小4からいじめを受けており、どんどんエスカレートしてしまったので、先月上旬に急きょ別の小学校に転校しました。

転校後も同じ塾と学童に通っているため、いじめっ子がまだからんでくるようです。

そのような状況なので気分が不安定になってしまい、「ランドセル片づけて」と言うと、「ごめんなさい！　ごめんなさい！　ごめんなさい！」と丸まってしまうようになりました。

ゲームをしているときは現実逃避できるようで、ニコニコしています。

友だちや勉強に追い詰められているようで、自然な会話ができないときがあります。

（…中略…）

7歳の娘は、逆に空気を読みすぎる敏感なタイプで、兄が転校した時期から、足が痛いと言い出すようになり、2週間くらい家ではいはいをしていましたが、病院で異常がなかったので、検査入院をすることに決まったら、歩けるようになりました。

娘も登校時刻になると頭痛や腹痛を訴えるため兄と同じ学校に転校させました。

先週金曜日はおなかが痛くなって休んでしまいましたが、まわりの子はとてもやさしく、今のところ問題はなさそうです。

家では、赤ちゃん返りをしている感じです。

ぽろっと「つらい〜」と言うことがあります。

表面には出しませんが、心の深いところがモヤモヤしているのを感じます。

環境が変わる（前の小学校の子と会わなくなる）ので、もしかしたら気持ちが落ち着くかも？　と少し期待をしています。

夫ですが、子どもたちの様子を見て、かなり悩んでおり、その表情を見て

第8章 ● 方針を示す　115

さらに子どもたちがおびえています。

　普段は家事や子育てをしっかり（たぶんどの家の父親より）やってくれるのですが、「子育てを間違ったかな？」と悩んでいます。

　以前上司と合わずメンタルヘルス不調になったことがあるので、心配です。

　とにかく、家で家族4人でいることが苦しく、週末は出かけることで気分転換をして過ごしています。

　今日から数日は、義両親が地方から手伝いに来てくれているので、少し余裕（？）がもてるかな、子どもたちの気分も変わるかな、と思っています。

　そして、私ですが、数年前に手術したがんが再発（取り残し）しており、再来月に手術をすることになりました。

　1週間〜10日ほど入院し、仕事は1か月間お休みをすることになりました。

　手術の不安、仕事を休むことでまわりの人に迷惑をかけてしまうこと、家族に心配をかけてしまうことなど、いろいろ不安なことがありますが、それ以上に家族のことが今は心配です。

　ママが入院・手術と聞いたら、子どもたちはさらに不安定になるのでは？と心配です（がん、とは伝えていません。今回の手術についても、まだ伝えていません）。

　1か月の休みの後半は、子どもたちを連れていっぱいお出かけしたり、普段できないことをしようかな、と考えています。

　時間が解決してくれるのかもしれませんが、何か打開策やヒントは、ありませんでしょうか。

　私はどうしたらよいのでしょうか。

　父親や実家も子育てに協力的なことはわかりますが、かなり苦しんでいる様子が伝わります。相談者自身も日曜日の夜に長文のメールを送ってきていることから、ほかに相談するあてがなく、職場のEAPにメールをしたのでしょう。

　ここまでの情報で疾病利得の悪循環を見立てて、介入も考えられます。しかし、返信では、すぐに提案をせずにこちらから質問をしました。

2通目：カウンセラー→相談者

はじめまして、カウンセラーの吉田です。
メールありがとうございます。

丁寧に書いていただいて、内容が非常によくわかってきました。
お子さんのことだけでなく、旦那さんのご様子も心配ですし、
Eさんの体調もすぐれない状態で、お辛い状態であること、お察しいたします。

さて、できる限りリスクが少なく、効果的なアドバイスをさせていただく
ためにいくつか、質問をさせてください。答えられる範囲で構いませんの
でお答えください。

1. 息子さんの性格は（長所短所問わず、お母さまの視点からで構いません）
2. 娘さんの性格は（上に同じ）
3. ご主人の性格は（上に同じ）
4. ご主人のお仕事は（仕事内容、役職、家を出る時間、帰宅時間など）
5. 問題が複合的になっていると理解しています。一度に全部がクリアにな
   るわけではありません。Eさんの主観で構いませんので、「まず、この問題
   を何とかしたい」という優先順位をしいてつけるとすれば、どれでしょうか。

まずは、上の5つをうかがえれば、アドバイスができると思います。
可能な範囲で構いませんが、情報が多ければそれだけよりよいアドバイス
が考えられます。

　最初のメールはほとんど難しいことは書かずに、状況をさらにくわしく聞く
ための質問をしました。
　質問の1〜3は、相談者の問題のとらえ方を確かめる質問です。どのような
前提で問題をとらえているのか、回答によってはその文脈に乗る、あるいはリ
フレーミングなどが考えられます。

質問4については、父親が子育てに協力的であり、母親（相談者）が近い将来に入院することも考えて、父親にどのくらいのサポートを期待できるかを確かめる質問です。

質問5は、ソリューション・フォーカスト・アプローチのスターティング・クエスチョン（→ P62 参照）です。息子のいじめ被害、転校、娘の赤ちゃん返り、相談者自身の入院、子育てに自信を失いつつあること、などさまざまな問題が設定できます。そのなかで、何から手をつけるべきか、相談者のニーズを確かめる質問を行いました。

● 3通目：相談者→カウンセラー

ご返信ありがとうございます。
私は手術が決まっていますが、自覚症状は何もなく元気でいます。

1. 息子の性格
おとなしいけど、ドッジボールは大好き。背は高くありませんが、がっしりしています。自分のなかでルールがあり、まわりがそれに外れるのを嫌います。空気が読めないので、どうしてそのタイミングでそれを言うの！とまわりに言われることもあります。
やられても絶対やり返さず、イライラをためてしまいます。
年下には優しく、学童のほかの保護者からはいつも遊んでくれてありがとう、と言われることが多いです。
何度言っても連絡帳を書いてこない、学校からもらうプリント類をもち帰らないのが気になります。

2. 娘の性格
おとなしく、いつもニコニコ。甘え上手です。
まじめなので、宿題や時間割は毎日完璧にやります。旅行の準備も家族で一番最初に始めます。兄とは正反対で、空気を読みすぎるタイプです。

118 第3部 ブリーフセラピーの面接を体験する

3. 夫の性格

おおらか、穏やかです。家族のためにいつも家事や育児もいっぱい手伝ってくれます。手伝うというより、自分がやる、って感じです。子ども会の行事も毎回参加してくれます。

4. 夫の仕事

総合職です。フレックスで在宅勤務も可能です。時間の融通がきくので、朝は主人が子どもたちを送っていきます。子どもたちが行けないときは在宅勤務をしてくれますが、毎日とはいかないようです。

5. 解決したいこと

まずは息子が学校、学童、塾へ楽しく通えることです。
息子がニコニコだと娘もニコニコなので、娘も楽しく通えると考えています。

> **●ポイント** 徹底的に相互作用を見る

　相談者からの息子さんについて「自分のルールがある」「空気が読めない」といった記述から、息子さんの性格や発達の特性について気になるでしょう。しかし、そこにはふれず、相互作用に注目します。

● 4通目：カウンセラー→相談者

補足ありがとうございました。非常によくわかりました。

　まずは、これから問題に対応するための大きな基本方針2つを紹介します。そのうえで、あとは細かいコツとかテクニックを具体的に紹介いたします。

基本方針1

問題が多発するときこそ、「好ましい行動に注目してほめましょう」
人間は誰でも問題があると、「あれも」「これも」と問題ばかりが目につきます。
問題を指摘するということは「これは不正解」というのと一緒です。

第8章 ● 方針を示す　119

それよりも「正解はこれ」と伝えるほうがいいわけです。

たとえば大人でも、書類作成で「こんな書き方じゃダメだ」と言われると困りますが、「この見本の通りに書いてほしい」と言われれば一発でちゃんとしたものが書けますよね。これを子どもにも応用するわけです。

特に娘さんに対しては、「がんばっているとき」「ニコニコしているとき」に「今日は、よくがんばっているね。お母さんもうれしいよ」などとほめる。とにかくほめる。

お子さんに対して直接ほめるよりも、おすすめのほめ方があります。

「間接的コンプリメント」というのですが、お子さんが聞こえている状況で「今日、○○ちゃんが、〜〜してくれて本当に助かったんだ」と旦那さんに伝えるのがとても効果的です。

一方で、「つらい」とか「足が痛い」とか赤ちゃん返りをしているときは、「そうなの、じゃあゆっくり寝なさい」程度の言葉かけで、あまり関わらないこと。これが重要です。

もし、甘えてきた場合は「あなたが元気になったらたくさん遊ぶから、今はまずは安静にしなさい」でいいです。

親として構ってあげたくて、心が揺れるでしょうが、ぐっと我慢です。

基本方針2つのうちの、まず1つ目です。

「好ましい行動に注目してほめましょう」と伝えました。これは、疾病利得の悪循環に対する介入です。しかし、ブリーフセラピーというよりは応用行動分析に寄せた説明をあえてしました。

応用行動分析や認知行動療法の一般向けの文献も多くあるので、具体的に紹介しやすいというのが理由です。ペアレントトレーニングの内容でもいいでしょう。

「具体的にどうすればいいですか？」ともし聞かれたら、書籍を紹介したり、メールなので役立つサイトや資料のリンクを貼ればよいと考えました。

4 通目の続き

基本方針 2

問題が発生すると目先の対応ばかり意識しがちですので、長期的な視点を
もちましょう。
具体的にどのようなことでも構いませんが、私がどのご家庭にもおすすめ
しているものは、
「子どものころには、『学力』『体力』『人間関係』を身につける必要がある」
「成人すれば子どものことは子ども自身が対応できて、安心して親が死ねる」
という 2 つです（表現がストレートすぎて申し訳ありません）。

幸せな生活のためには、「学力」「体力」「人間関係」の力をのばすことが大
切です。
ここでの力は、「東大に行ける学力」とか「オリンピック選手のような体力」
とか「友だちが多い人間関係」ということではありません。
・一人で仕事や生活ができる学力（読み・書き・計算）
・健康で、活動できる体力（よく食べ、よく寝て、よく動く）
・嫌な人や苦手な人がいてもある程度は大丈夫な状態
を、成人するまでにクリアするのが理想だと考えます。

たとえば学校を休むとしても「休んでもいいけれど、家で勉強はしてね（学
力）」。あるいは「休むなら、病院行くか、寝てなさい（体力）」というように、
「ただ休んで好きなように過ごさせる」のではなく、何か力をつけられるよ
うな要素を入れていくといいでしょう。

そして息子さんと娘さんは、今回の問題を通して「人間関係」について学
んでいると考えます。
どこまで親が介入するか、どこまで子ども本人にまかせるかということを
意識したほうがよいでしょう。旦那さんとの意見の一致が大事ですね。
つらい思いをするのも学習です。また、大人になるためには必ず経験しな
ければなりません。子どもたちが歩く道のすべての石ころ（問題）を親が

第 8 章 ● 方針を示す　121

取り除いていたら、子どもは親なしでは歩けなくなります。どこまで転ばせるか、「この石（問題）はさすがに大きいから、手伝おう」といった区別が必要です。

以上、まずは基本方針2つを紹介しました。
実際に、この2つを心がけるだけで問題が改善するご家庭も多いです。
（それだけ、普段は反対のことをやってしまうのです）。
メールを拝見する限りでは、娘さんの問題は基本方針1で大きく改善すると思います。
息子さんの問題は、いろいろ複雑ですし劇的に変わることは考えにくいですが、必ずいい方向に向かいます。

旦那さんも穏やかで、非常に子育てに協力的なようですね。
このメールを見せていただいて構いませんので、ぜひ参考にしてください。
夫婦で考え方が違うと、特に娘さんは優しいほうに甘えるでしょう。
子どもが赤ちゃん返りをしているときに、たっぷり関わることをおさえるのはどの親も苦痛です。
しかし、子どもの成長を考えたときには、問題行動（赤ちゃん返り）で関わるのではなく、好ましい行動のときにたっぷり関わることが大事です。
実際、娘さんははいはいをしていましたが、検査入院という（娘さんにとって）恐怖が来たことで歩けるようになりましたね。ここにヒントが隠されていると思います。

まずは、ここまででメールをお送りいたします。
取り急ぎでまとめましたので、長文乱文ご容赦願います。
何かご不明な点や、ご質問などがあれば遠慮なくおっしゃってください。

・ポイント **GTN で不登校のとらえ方を変える**

　基本方針の2つ目として、学力・体力・人間関係（GTN）について説明しました。GTN とは、私が不登校やひきこもりの家族カウンセリングの際に使う切り口

です。不登校や登校しぶりの場合、家族の興味関心は「子どもが明日、学校に行くか行かないか」になってしまいます。その結果、登校刺激が悪循環になってしまいます。

学力・体力・人間関係を軸に不登校の子どもへの対応を考えることで、翌日の登校への注目が薄れ、登校刺激が減る場合が多く、その結果、悪循環が解消して登校再開する場合も多くあります。

●ポイント　文章を相手が誤って解釈したらカウンセラーの責任

このメールを書く際に一番悩んだのは「安心して親が死ねる」という表現です。特にこの事例では、母親はがんの再発で手術を間近に控えている状態です。「死ねる」という表現について、不適切だと考える人も多いでしょう。しかし、私はあえて使いました。この言葉に限りませんが、もし、カウンセラーが使った言葉で相手がこちらに不信感を抱いたり、怒った場合は、言うまでもなくカウンセラーの責任です。「相手が誤解しているだけだ」「うがった見方をしている」「ネガティブにとらえている」などと、相手のせいにしてはいけません。自分で責任をもって発言しましょう。

● 5通目：相談者→カウンセラー

具体的な方法、とても参考になりました。

すぐに夫にメールを転送したところ、「ちょっと過干渉だったかな、もう少し娘を小学生のお姉さんとしてあつかおう、息子には新しい学校でよい人間関係を構築することと、苦手な人がいてもうまくいくよう工夫するよう伝えていく」と言っていました。

まったくその通りだと思いました。

夫も私もちょっとスッキリしました。
仕事のことに関係ない内容なのに、

第8章 ● 方針を示す　123

親身に答えてくださり、ありがとうございます。

今日から心がけてみます。

　少なくとも、こちらから提案したGTNと疾病利得の悪循環という2つのフレームについては入ったようです。このメールを見ると、夫婦の連携もとても良好なようです。

● 6通目：カウンセラー→相談者

参考になったようで何よりです。
間接的コンプリメントをやっても、少なくとも悪化するリスクはないのでおすすめです。
明後日、会社の相談室にいます。
メールでは伝えきれない内容とか、2〜3日実践してみての疑問などがあればぜひどうぞ。

　ここまでをほぼ1日で対応しました。最初のフレームをつくるところまではかなり短時間で頻回にメールをやりとりすることが重要だと個人的には考えています。
　特にこの事例では、母親の入院が迫っていました。母親の話では短期間で退院できるとの予定ですが、実際のところはわかりません。両親は冷静に対応できたとしても、子どもにとっては母親の入院は不安になる出来事でしょう。それらのことを総合的に踏まえて、かなり早い対応をしました。

● 7通目：相談者→カウンセラー

おはようございます。
事態が一変しました。今日は子どもたちがニコニコで学校へ行きました！

下の子は朝まで少しグズグズしていましたが、夫が説得して気持ちが変わったみたいで、自分で準備をして、お手伝いまでしてくれました。

パンを焼くときも「自分でできるでしょ？」と言うだけで、すんなり動いてくれました。

子どもたちも夫も、もちろん私もスッキリニコニコになりました。大きな山がパッと消えた感じです。

　状況が劇的に改善したようです。今回のように方針を伝えることで、相談者自らが動き、問題が改善することが多くみられます。細かな介入内容を決める場合もあれば、大枠だけを伝えてあとは本人に考えてもらうこともあります。ブリーフセラピーは初回から見立てを設定しながら進めていきます。介入をせずに「しばらく様子を見ましょう」という対応では、この変化は生まれません。

● 8通目：カウンセラー→相談者

おはようございます。

メールありがとうございました。やっぱり！　結構劇的に変わりますよね？

昨日もお伝えしましたが、ご両親が協力して同じ対応をしたことで成功しました。今日も娘さんがグズグズしたとのこと。

その際にいっぽうの親が心を鬼にして対応しているのに、もういっぽうが「かわいそうだから」と甘やかして失敗する家庭が非常に多いです。

お子さんが一番努力したのは間違いありませんが、Eさんも旦那さんもよくがんばりましたね。

ぜひ、家に帰ってお子さんたちが楽しそうにしていたら、思いっきりスキンシップしてあげてください。

夕飯のおかずを子どもの好きなものにしたり、ケーキを買っていくなど「あからさまなごほうび」も効果的です（初日だけ）。

第8章 ● 方針を示す　125

もちろん「学校でこんなことがあった」と子どもが愚痴るかもしれませんが、「そっかぁ、大変だったね。でも、がんばったんだ」と本人の努力をねぎらってください（もちろん、内容はしっかり聞いて、いじめなど介入すべきかどうか注意が必要です）。

　1日でも、Ｅさんが驚かれるほど状況は変わりましたから、これをまず1週間、そして冬休みまで続けてみてください。

　そうすれば、引越しや転塾なども冷静に考えられると思います。

　このあと、相談者の手術も無事に成功しました。子どもたちも思春期になっていき、その後もさまざまな問題がありましたが、家族仲よく生活しています。

この事例のまとめ

(1) この事例の問題は「兄の精神的な不安定」と「妹の赤ちゃん返り」でした。
(2) 対処行動は「調子の悪いときばかり注目してしまうこと」でした。
(3) 対処行動以外の行動としては「調子の悪いときに注目しない」「調子のよいときに注目する」ことが考えられました。
(4) 気をつけることは、調子の悪いときに注目しないことで、深刻な病気などを見逃してしまう危険性です。そしてまもなく入院する母親にできる限り負担をかけず実行でき、母親の入院中は父親だけでも容易に継続できる提案にする必要がありました。

【事例】女子高生の自傷行為と何もできない両親への対応

　あなたは民間の相談機関のカウンセラーとして活動しています。高校生の娘をもつ保護者から次のような相談がもち込まれました。

　娘に関する相談です。寮生活をさせていましたが、寮で市販薬を大量服薬して自殺をはかりました。幸い、すぐに救急搬送され軽い症状ですみました。

　病院からいったん自宅に連れて帰りましたが、このあとどうすればい

いでしょうか。

　上記の少ない情報のなかで、みなさんはどのような想定をするでしょうか。以下の問いを考えてみてください。上記の情報だけでわからないことは「わからない」で構いません。

> **Q1.** 一番の問題は何でしょうか。
> **Q2.** 対処行動について、できるだけ否定形で表現してください。
> **Q3.** 対処行動の正反対の対応はどのようなことでしょうか。
> **Q4.** 何か気をつけなければならないことは、考えられるでしょうか。

● 相談までの経緯

　IP（相談で患者とみなされた人。くわしくは P11 参照）は高校 1 年生の女子です。東日本大震災で実家と進学予定の高校が被災しました。家族は仮設住宅に住み、彼女は高校のサテライト校舎に通うため、離れた自治体で寮生活を送っていました。

　2 週間ほど前から、息苦しさや立ちくらみを身近な人に訴えていたそうです。日曜日に寮で市販薬を大量服薬後に過呼吸で倒れ、救急車で運ばれました。処置後は、寮ではなく一旦、実家（仮設住宅）に戻ってきました。IP はクラスの人間関係に悩んでいました。

　担任（男性）には何度もクラスの人間関係について訴えましたが何も対応してもらえず、「自分たちで何とかしろ」と言うだけでした。

● 初回面接

　面接の冒頭は母娘同席です。

Co（カウンセラー）：高校を卒業してから、将来の夢などはあるの？

IP：将来は、介護など人の役に立つ仕事につきたい。

第 8 章 ● 方針を示す　127

> Co：お母様と、ご本人それぞれに聞きます。当然答えも違うと思いますが、それで結構ですので、遠慮せず正直に答えてください。娘さんはどのような性格でしょうか？　まずは、お母様からどうぞ。
> 母親：手伝いをよくしてくれます。家族思いでやさしいです。ただ、感情の起伏が激しいときがあります。あと、何事も自分一人で先走ってしまうことがあります。
> IP：元気で明るい。人に頼られる。でも面倒くさがりで、あきらめが早い。あと、思ったことを口に出さないと気がすまない。
>
> 　以上のようにスターティング・クエスチョンを行うと、母親は「IP が自分の（先走りがちな）考えに心がついていかないのではないか」と答えました。
> 　IP は「死んで楽になりたい」と答えました。

　相談申し込みの内容や、スターティング・クエスチョンの様子から、親御さんはどうすればよいのか具体的な目標が見つけられない状況のように感じました。「自分たちではどうしようもできないから、カウンセラーに何とかしてほしい」と言っているように、カウンセラーは受け止めました。

●ポイント　カウンセラーを頼ることのメッセージに注意

　震災があり実家が被災してしまい、仮設住宅での生活を続け、震災当時中学3年生だった IP は震災直後から高校に通うため寮生活を送っています。そんななか、高校の人間関係に疲れ、大量服薬をはかりました。ご家族が何をどうすればよいのかわからないのは、仕方がないことでしょう。

　いっぽう、IP の立場になって想像してみました。母親がどうすればよいかわからずカウンセラーを頼ることは、「私が家族に迷惑をかけている」「邪魔な存在なのかも」「やっぱりいないほうがいいのかも」などと受け止めてしまうかもしれません。それらは、「死にたい」という気持ちを軽減するどころか悪化させてしまうおそれがあります（→ P48「自己否定のダブルバインド」参照）。

　戸惑う母親に対して「おまかせください！」と言いたいところですが、むしろ「カウンセラーは何もできないので、ご家族におまかせします」という姿勢

のほうが有効だと判断しました。IPに対しても「こうすればいいよ」と積極的に指示を出すのではなく、「わからないから教えて」と頼む姿勢を貫きました。

　ブリーフセラピーでは、この事例のようにカウンセラーの権威を下げて、むしろクライアントにカウンセラーが頼る姿勢を見せることがよくあります。

初回面接の続き

　ここで、母親に退出してもらい、IPと話します。
大まかには、以下のような内容でした。
【大量服薬から相談までの経緯】
　IPはクラスメイトとのトラブルがまったくよくならないので、自分がいなくてもいい存在のように思えて、死のうと思い、薬の多量服薬を思い立ちます。薬を飲んでいる最中に部屋の外から自分の名をよぶ声が聞こえたそうです。一旦薬を飲むのをやめ、部屋を出ると同級生が言い争いをしていました。その言い争いをやめさせようと歩き出したら、息苦しくなって倒れてしまいました。
　気がついたときには病院のベッドで寝ていました。どうやら、記憶にはないが「生きてる意味がない」「死にたい」などと言ったようで、看護師が「いろいろがんばってきたんだね。もっと楽にしていいんだよ」と言われたそうです。
　点滴が終わり、落ち着いたところで声をかけてくれた看護師と医師からカウンセリングを受けるようにとすすめられました。同級生に知られたくないので、学校のスクールカウンセリングや学校近くの相談機関は避けたい。それで、実家に帰っていたら保健師さんから紹介されて、この相談室に連絡したそうです。
【家族関係について】
　IPには精神疾患を患っている姉がいます。母親がここに来るときに「お姉ちゃんには内緒ね。お姉ちゃんのときは相談に連れて行けなかったのだから」と言われていたけれど、口止めされる前に姉にカウンセリングのこ

第8章 ● 方針を示す　129

とを伝えたそうです。「姉の話を聞くのも疲れる。自宅は仮設住宅だから狭いし、一人になりたい。早く大人になって一人暮らしがしたい。誰にも束縛されたくない。恋人がいるが、その人からは『もっと大人になれ』と言われる。でも、無理。もう、何もかもがうまくいかない」。

・ポイント 死にたいというゴール

スターティング・クエスチョンを行ったときに「早く死にたい」という返事が返ってきました。カウンセラーとしては当然相談者が死ぬことを応援はできません。しかしながら、ここで「そんなことを考えてはいけない」などと答えても、説得の悪循環にはまるだけです。

ここでも、問題に真正面から切り込まず、周辺をあつかうことが大切です。

お姉さんが精神疾患であるという情報がありました。お姉さんの話を聞いているようですが、正直疲れてしまうようです。ということは、姉との相互作用が改善すれば、IPの状況にもプラスに働くはずです。この話題を広げていきましょう。

初回面接の続き

IP：お姉ちゃんの話を聞くのが嫌。

Co：お姉ちゃんの話を聞くって、それだけでも人の役に立ってるよね。

IP：でも「またそんなこと言って」って思っちゃう。

Co：たとえばどんなこと？

IP：「どうせ私が死んでも誰も悲しんでくれないんだ」とか。私が「そんなことないよ」って言っても「絶対にそうだ」って言って聞かない。

Co：なるほど、そうやってお姉さんが頑固になったときに君はどうするの？

IP：「お姉ちゃんが死んだら、私が悲しむよ」とか、「お姉ちゃんとまた△△に行こうよ」とか、「お姉ちゃんの〇〇なところを、私はすごく尊敬してるよ」とか、お姉ちゃんにいっぱい伝える。

Co：僕はカウンセラーとして十年以上仕事しているけれど、僕よりも言葉かけが上手だね。感動したよ。

130 第3部 ブリーフセラピーの面接を体験する

IP：（首を横に振り否定しながらも、今までの硬い表情は和らぎ笑顔を見せ
ている）

Co：とっても気に入ったから、その言葉を僕がカウンセリングのときに使
わせてもらってもいい？

IP：はい（笑顔）。

Co：やった！（ガッツポーズをして大げさに喜びを表現する）。もう1回く
わしく教えてくれないかな。

（IP が姉にかけた言葉を Co が聞き出しノートに必死に書き写す。書き終わっ
たあとに、内容を読み返しうなずきながら）

Co：ありがとう。こんなにたくさんの言葉を教えてくれて、どれもとても
いい言葉だね。この言葉全部使わせてもらえるなんて、本当にありがたい。

IP：いえいえ、そんな（笑顔）。

Co：じゃあ、さっそく使わせてもらうよ。（IP が姉に伝えた言葉をカウンセ
ラーが使っても不自然じゃない内容に修正して、言い直しながら、すべて
を読み返したあと）今の言葉、そっくりそのまま君に返すよ！

IP：あっ!!!（笑）

Co：ねっ！（大笑）

IP：はい!!!（大笑）

このやりとりは、見事にはまりました。実際の場面をお見せすることができ
ず残念ですが、それほど劇的に IP の表情が明るく変わりました。

ポイント クライアントの言葉を使う

ブリーフセラピーに多大な影響を与えた人物の一人に精神科医で催眠療法家
のミルトン・エリクソンがいます。彼は、クライアントの言葉や仕草を積極的
に利用しました。クライアントの言葉を利用することで、クライアントは否定
をしにくくなります。

理由としては、まずクライアントのフレームにフィットしていること、そし
てカウンセラーの言葉を否定すると自分の発言を否定することにもつながるこ
となどが考えられます。

・ポイント 常に前傾姿勢

面接ではカウンセラーの姿勢はとても重要です。この事例でもインパクトが残せた理由の1つに、前傾姿勢で話を聞いていたということがあります。もし、いすの背もたれに上体を預けて、ふんぞり返るような姿勢で同じことをしても効果が弱いどころか逆効果になったかもしれません。

カウンセラーはどっしりと座ったほうが堂々とした印象を与えられると考えられます。しかし、私が知る限りブリーフセラピーがうまい人は、おしなべて前傾姿勢で面接を行います。

初回面接の続き

母親を面接室により戻しました。

母親からは「学校には行かせたほうがいいのか、休ませたままのほうがよいのか」と聞かれました。そこで、2つ条件を出しました。

1つは、万全の状態で行くのではなく、少し調子が悪いぐらいのときに「ダメで元々」「つらかったらすぐ帰る」つもりで登校させること。もう1つは、両親と娘で話し合って、全員一致で結論を出すようにと伝えました。一人でも反対したら現状維持（欠席）とすることを伝えました。

そのうえで、「以上の2つを守れば、いつでもいいです。たとえば、今週の金曜日に登校して、疲れたら土・日に寝てるというのも1つの手ですね」とつけ加えました。

・ポイント ユートピアを目指さない

学校に行かせる基準について、「ダメで元々」「つらかったらすぐ帰る」という提案をしました。不登校問題などでもよくありがちな対応で、「充分に元気になったら登校する」「行ける自信がついたら登校する」という考えがあります。これは、ユートピア（理想郷）であって現実はそううまくはいきません。理想通りに元気になったり、自信がついたとしても、それでもし失敗したら「あれだけ元気になったのに行けなかった」「あれだけ自信満々だったのに失敗した」となり、ダメージが大きく再起不能になる場合もあります。

132 | 第3部 ブリーフセラピーの面接を体験する

・ポイント 全員の意見を一致させる

　ここで、両親と娘で話し合って全員一致の結論を出すことにこだわりました。父親には会っていませんが、母親や本人（娘）の言葉から、父親に対する遠慮のようなものを感じました。その雰囲気から、母親と本人の他人行儀な感じは父親も動きにくいだろうと考えました（→ P34「母子密着」参照）。

　父親を外して母親と娘だけで考えて、うまくいかない場合に父親は手伝いたくても手伝えないでしょうし、うまくいった場合にはさらに母親と娘だけで話が進んでしまうでしょう。「うまくいけば父親が不要」となり、「うまくいかなければ父親にばれないように隠す」ことになり、どちらにしても父親は子どもの問題解決に協力できません。

　そのため、私は「3人の全員一致の結論」を求めました。これなら、父親は娘の問題に参加できます[注2]。

● 初回面接の続き

　IP には学校に行ったら、1日5回息苦しいふりをすることを指示しました。そのうえで、「過呼吸についてですが、たぶんもう二度とならないと思うよ」と伝え、その直後に「でも、こんなこと宣言するときに限って、予想が外れるんだよな。傘をもっていくときに限って雨が降らないみたいな（笑）」と矛盾するメッセージを伝えました。

　クラスメイトについては、「登場人物が多いこと」などを理由に、来週までに人物相関図を A4用紙1枚にまとめてくるように伝えました。

・ポイント とにかくパラドクス

　学校に行かせる基準について、「ダメで元々」「つらかったらすぐ帰る」という提案につづけて、5回息苦しいふりをするという演技課題も入れました。最後には「こんなこと宣言するときに限って予想が外れる〜」とまで言いました。これらはすべてパラドクスです。こちらの提案通りに進んでも、提案が実行できなくても想定内です。

第8章 ● 方針を示す　133

・ポイント 問題はできる限り俯瞰してみる

　友人関係については、問題のきっかけが友人の不仲を改善したいものの役に立たない自分に対して消えてしまいたいと思い多量服薬をしました。そこでこの面接では、人物相関図を書くことで本人が客観的に見られるように意図しました。ここでは作業を入れたことが重要です。何もすることがなければ、どうしてもネガティブなことを考えてしまいます。人物相関図を書くことで、何もしない時間を減らすことも期待しました。友人関係の問題がハッキリすればその問題に介入することも可能です。

　自分の「死にたい」という考えについて家族の言葉を素直に受け止められなくても、姉への言葉かけは上手にできました。自分の問題はうまく考えられなくても、少し距離感を置くことでうまくいくことがあります。

　相関図を書くように伝えましたが、必ずしも友人関係の問題を解決するつもりはありません。この面接のゴールは IP の「死にたい」という訴えなので、IP のセリフを借りてそのまま返すやりとりで、すでに問題が解消されているとみることもできます。

　相関図がしっかりと書かれていれば、その相関図に沿って介入するかもしれません。もし、介入が難しければ「いやぁ、これはカウンセラーでも解決は難しいよ。だから無理に首を突っ込まないほうがいいよ」と本人の解決努力を弱めることができます。

　ほかにも、情報を書いてこなければ「書けないほど難しいんだね。そんな問題には首を突っ込まないほうがいいよ」とか、「書いてもらわなければ、正確な状況がわからないから具体的なコメントは難しい」などと返すことができます。つまり、人物相関図を書いてくるという提案も、肯定的ダブルバインドになっており、実行してもしなくても、どんな情報がまとめられていても、うまくいく見通しがついているので、提案しています。

● 第2回面接（1週間後）

　母娘で来談。合同面接でまず1週間の様子を確認しました。その結果、金曜日に登校再開してから、問題なく通っているとのこと。過呼吸について

確認したところ「一度もない」と言います。そこで、「ほら、僕の予想が当たったでしょ」と言うと、IP が「あっ、本当ですね」と驚きました。「予想通りってことは、うまくいっているってことだね」と明確化しました。

その後、母親に退席を願い IP のみとの面接をしました。人物相関図については、ジャイアン（ここでのジャイアンは女子生徒）軍とのび太（男子生徒）軍に分けて非常にわかりやすく図示されていました。休み時間に、もう一人の友だちと話し合って書いたとのこと（ちなみにその友人と IP は 2 人ともしずかちゃんだという）。ジャイアン軍・のび太軍のネーミングセンスを絶賛しました。

　予想というのはポジティブにもネガティブにもなります。だから、「予想した通りだから悪い」とも「予想通りだからよくも悪くもない」とも「予想通りだからよい」とも、いずれの判断もできます。そのあいまいさを取り去るために「予想通りってことは、うまくいっているってことだね」と明確化しました。ただ念押しをしただけなので、「うまくいってません」という返事があるかもしれません。それでも別にいいのです。

・ポイント　こちらの意図にこだわりすぎない

　繰り返しになりますが、こちらはいろいろな意図をもって質問をしますが、こちらの意図通りの回答がなくても問題ありません。

　「なんで、思った通りの返事がないのか」と思った時点で、その会話は失敗です。こちらが何を言っても、それに対して相手が何を言っても、"どうにかする" そして "どうにでもなる" のがブリーフセラピーです。

第 2 回面接の続き

次に、IP に退席してもらい母親と面接をします。母親いわく「IP は先週とは見違えるように明るくなりました。でもそれに引き換え、姉が調子悪くて」とのこと。姉の対応について、肯定的ダブルバインドなコメントを行い、必要があれば姉の件は改めて申し込んでもらえばいつでも対応する

ことを約束し、一旦 IP の相談については終結としました。

【フォローアップ（半年後）】

　母親へ電話にてフォローアップを行いました。IP、姉ともに良好な生活を過ごしているといいます。その後、母親の声かけにより IP からも直接電話がありました。クラスメイトとの仲は相変わらずでいろいろ面倒なことも起こるが、充実した生活をしていると報告がありました。

・ポイント　家族の問題は切り離す

　姉の話が出ましたが、IP の当初の問題が解決しているので、切り離して考えるべきです。なし崩し的に姉の話をすると、姉が不安定なことで IP が無力感を抱く可能性があります。そもそも、姉の問題と IP の問題を一緒にあつかうことで、姉の問題と IP の問題がリンクしているかのように伝わってしまいます。もちろん、家族内のコミュニケーションで、相互に影響し合っていることは間違いありません。だからこそ、別問題であることを明確にすることが大事です。

この事例のまとめ

(1) この事例の問題は「IP の自傷行為」でした。

(2) 対処行動は「何もしない（離れて暮らしているため、何もできない）」でした。

(3) 対処行動以外の行動としては「具体的な何かをする」ことが考えられました。

(4) 気をつけることは、親子間で自己否定のダブルバインドになる可能性が高いことです（→ P48 参照）。

　そこで、カウンセラーは親ではなく IP 自身の言葉を利用して「心配をしているし、迷惑だと思っていないどころか頼りにしている」というメッセージを伝えました。また、保護者がどう対応してよいのか迷わないように「たとえば…」と前置きしつつ、具体的に対応方法を提案しました。

136　第 3 部　ブリーフセラピーの面接を体験する

第9章 関係性をあつかう

【事例】追い出したいくらい悩んだ成人した息子からの暴力

あなたは、自治体の相談機関の相談員として活動しています。（相談者：50代女性）から次のような相談がもち込まれました。

> 息子（20代）がうちに転がり込んできました。別れた夫と一緒に住んでいましたが、夫に暴力をふるい追い出されて、うちに来たようです。そしてうちでも私に暴力をふるいます。一緒に暮らすことはできない。どこか施設に預けたい。いい施設を教えてほしい。

上記の少ない情報のなかで、みなさんはどのような想定をするでしょうか。以下の問いを考えてみてください。上記の情報だけでわからないことは「わからない」で構いません。

Q1. 一番の問題は何でしょうか。
Q2. 対処行動について、できるだけ否定形で表現してください。
Q3. 対処行動の正反対の対応はどのようなことでしょうか。
Q4. 何か気をつけなければならないことは、考えられるでしょうか。

● 初回面接

20代の息子（本事例のIP）の家庭内暴力に悩む母親からの相談がありました。母親の腕はアザだらけで、見るも痛々しい状態でした。母親は「どこの施設でもいいから一刻も早く子どもを預けてしまいたい」「それができないなら私が消えてしまいたい」と訴えていました。児童相談所など公的な相談機関にも相談しましたが、子どもが成人していることを理由に断ら

第9章 ● 関係性をあつかう　137

れ、やむなく相談室に駆け込んできました。母親は自分の力ではどうしようもないと無力感を抱いているようでした。

　息子は高校卒業後、数年はアルバイトをするも長続きせず、アルバイト先を転々としており、最近ではアルバイトをしようという意欲も低下しているようでした。夫婦は数年前に離婚。当初、息子は父親（元夫）に引き取られました。離婚から数年後に東日本大震災が発生。その後、元夫が行方知れずになり、息子は母親のもとに転がり込んできました。

　母親は相談の場で堰を切ったように話し続け、離婚理由（元夫からのDV）や母親自身が幼少期に受けた虐待経験なども話しました。しかし私は、そのあたりは焦点化せず、今現在の母子のコミュニケーションにまずは焦点を当てて聞き取りをしました。

　このとき、母親は自身の幼少期の被虐待経験や元夫からの暴力体験と、現在の息子から家庭内暴力について関連があるかのように語りました。ここで、母親の語りが正しいかどうかは問題にしません。この面接では（あからさまなほどに）話題を変えて、ブリーフセラピーの基本通りに普段のコミュニケーションを探ることにしました。

[●ポイント]　話題をコントロールする

　ブリーフセラピーでは相談者の話題をカウンセラーが積極的にコントロールします。ほかの心理療法のトレーニングを受けてから、ブリーフセラピーを実践するカウンセラーにとっては非常に驚き、また困惑するようです。私たちはコミュニケーションのなかで必ず相手を拘束しています。何もしないように見えても、それは「今の話を続けてもよい」という拘束なのです。相手を拘束することがコミュニケーションである以上、カウンセリングに来たクライアントに対して、問題解決にふさわしいコミュニケーションを追求することがカウンセラーの役割だと考えます。

　この事例では、話題を変えることで、息子の暴力はそれらの話を聞かなくても解決するというメッセージを意図しました。「あからさまに話題を変えることで、クライアントの気分を害するのではないか、それでもお前はカウンセラー

138　第3部　ブリーフセラピーの面接を体験する

か」というご意見もあるでしょう。もちろん、面接が継続され、こちらの提案を（実行するかどうかはどうでもよく）聞いていただかなければ意味がありません。言葉だけではなく非言語も使い、あらゆる方法で関係を維持しつつ、進めていきます。

話題を変える方法は、それぞれのカウンセラーのもち味が出るので、ご自身のもち味を発揮してください。ここでお伝えしたいのは細かなテクニックではなく、「必要があれば話題を変えてよい」「カウンセラーは、クライアントが話すがまま聞くのではなく、問題解決に向けて積極的に会話を構築していく」という大前提を、ブリーフセラピーを行う際には常に意識していただきたいということです。

● 初回面接の続き

現在、息子はアルバイトをせず、ほとんどの時間は自室にこもっているといいます。母親が息子の部屋の汚れが気になり、「洗濯をしたいから洗い物を出してほしい」などと声かけしても息子は動きません。

息子が動かないため、母親は強い口調になっていきます。すると、息子は母親に聞こえる大きさで独り言（母親に対する侮辱）を言います。それでも、聞こえないふりをして母親は洗濯について声かけを続けながら、息子の部屋に入って、散らかった洗濯物を集めていきます。

その後、息子は不機嫌になっていき、最終的に壁を叩いたり、部屋に散乱する洗濯物をかき集めている母親の腕をつかみ、部屋の外へ押し出します。母親は強引に部屋を追い出され、息子は自室にこもります。

しばらく経つと、また家事のことで母親が息子に声かけをして、息子がそれを無視。母親の口調が強くなり、息子が独り言（母親に対する暴言）を聞こえるように言います。

このようなパターンが繰り返されていることがわかりました。図に示すと以下の通りです（図3-6）。

図 3-6　家庭内暴力の悪循環

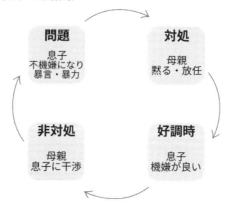

> **・ポイント**　問題ではない場面が重要

　この悪循環は疾病利得の悪循環と近いことに注目して下さい。私が聞き取ったパターンをもとに、母親の言葉かけにポイントを絞りました。母親の言葉かけも、息子の乱暴な言動をしている最中に言葉かけを変えるのはリスクが高すぎます。息子がさらに激高する可能性も否定できないからです。

　息子が乱暴をしているときの母親の言葉かけを変えて、乱暴な言動が収まるのであればとっくに問題解決しているはずです。現在でも問題が維持し、存続しているということは、直接介入が効果的でないことを示しています。

　息子が乱暴ではない場面で"不機嫌になっていく"ことを防げればよいのです。息子が動かないことで、母親の口調は強くなり、母親の口調が強くなることで、息子はさらに不機嫌になっていきます。最初から息子が動けばいいだけの話ですが、息子は動きません。母親の口調を変えるのが一番早くて確実です。念のためにここでも強調しますが、今打てる手立てのなかで一番早くて確実なのが母親の口調を変えることであり、母親の接し方が息子の家庭内暴力の問題の原因と考えているわけではありません。

初回面接の続き：偽解決の明確化

　まず大変な状況のなかで母親が来談してくれたことをねぎらいました。そ

のうえで、次のように質問しました。

Co（カウンセラー）：毎朝、洗濯物に関して声かけをしているようですが、
声かけをしても洗濯物を出さないのですよね？
母親：そうです。
Co：ということは、声かけをしてもしなくても、お母様の労力は変わらな
い。むしろ、声かけをしないほうがお母様は楽になるということでしょうか。
もちろん、一人前の大人が、何もせずに母親に洗濯物を丸投げしてよいの
かという問題はありますが。それはまた改めて取り上げるとして、まずは
お母様の大変な状況を何とかしたいと考えます。そこで、確認なのですが、
お母様の負担だけを考えれば、声かけをしなくても生活に支障はないわけ
ですね。
母親：そうですね。まったく変わりません。

●ポイント 提案を実行するメリットを説明する

　洗濯物について声かけをしないのは、母親としては難しいことかもしれませ
ん。どうしても口に出したくなるでしょう。そこで、「声かけをしても洗濯物
を出さない」ことを再確認したうえで、"声かけしてもしなくても同じ"であ
ることを共有します。そのうえで、声かけをしなければ「お母様が楽になる」
というメリットを伝えました。やってもやらなくても同じ場合には、手を抜く
ことで相談者が楽になることを強調し、対処行動を変化させるのです。
　これは、不登校のお子さんに対する親からの登校刺激などでも使えます。

介入と提示方法

Co：次回面接まで毎朝息子さんに（相手からの返答がなくてもいいので）
簡単なあいさつをしてください。乱暴な息子さんへのあいさつなので、非
常に言いにくいと思います。「おはよう」だけでもすごく難しいと思います
が、もしできるなら「今日はいい天気ね」などとつけ加えていただけたら
最高です。できそうですか？

第9章 ●関係性をあつかう　141

母親：できるか不安ですが、やってみようと思います。

Co：ありがとうございます。それからもう1つ、こちらももっと難しいお願いになりますが、お伝えしますか？　それとも今回はあいさつの件だけにしておきましょうか？

母親：いえ、知りたいです。なんでしょう？

Co：お母様が、ため息や「こんな家もうイヤだ」といった言葉を言ってしまったら、気づいたうえでできるときだけでいいので「また言っちゃった。ごめんね」とひと言添えてもらえますか？

母親：できるときだけでいいなら、わかりました。

Co：本当ですか。ありがとうございます。

　母親が要望していた、息子を施設に預けることについては、次回面接までに調べることを伝えました。

・ポイント　　問題以外のコミュニケーションを改善する

　介入内容として「あいさつ」を提案しました。これは、母親と息子のコミュニケーションを聞き取った際に、親子の会話が「洗濯物を出さないといった問題」や「相手に対する非難」しかないように見えたからです。これでは、親子は「問題」か「相手への非難」で会話をする以外は、会話がなくなってしまい、コミュニケーションをとるためには「問題」が必要になります。問題以外のことでコミュニケーションができれば、問題を通したコミュニケーションが不要になります。

　問題以外のコミュニケーションとして、誰でもできるあいさつは最適です。

　本事例に限らず、「問題にまつわる会話しかしていない家族」や「問題があることで結びついているように見える家族」の事例は非常に多いです。問題があると、常に問題を介したコミュニケーションが増えてしまいます。そして、問題以外のコミュニケーションが極端に減ります。これは仕方のないことです。しかし、「コミュニケーションのためには問題が不可欠」な状況になってしまい、一種の疾病利得の悪循環のような状態になってしまいます。

　夫の定年や子どもの独立をきっかけに離婚する熟年離婚という言葉が一時期注目を浴びました。それらの夫婦の一部には、仕事や子どもに関する話題がな

142 　第3部　ブリーフセラピーの面接を体験する

くなることで関係を解消した事例も多いようです。

● その後の経過

　2回目（初回の翌週）の面接では、母親から息子の暴力がなくなり手伝い
をするようになったという報告がありました。さらに翌週の3回目の面接
でも息子からの暴力は報告されず、ちょうど母の日があり、何年かぶりに
カーネーションをもらって感激したと言います。「この調子で息子とやって
いきます。また困ったら来ます」と笑顔を見せて、面接を終了しました。

　終結後も、半年後と1年後にフォローアップの面接を行いましたが、息
子の家庭内暴力はその後みられていませんでした。息子はアルバイトを始
めて無遅刻無欠勤でがんばっていました。

　当初、母親は、息子のDVについて、自身の被虐待経験や元夫との関係など
と結びつけて考えているようでした。家族関係がこじれ、離婚する時期が、東
日本大震災発生と重なり「震災の影響」という言葉もたびたび聞かれました。
元夫への不満や、「震災さえなければ」という思いを抱くのは自然なことです。
それが母親の愚痴につながり、息子と住む家の空気を重くしていました。しか
し、愚痴の内容は母と息子では変えることはできず、ただただ雰囲気を悪くす
るだけのものでした。

　カウンセラー（私）は相互作用を重視し、将来の変化をつくり出すことだけ
を考えました。そこで成育歴や東日本大震災の影響などよりも、面接当時の相
互作用（特に母親の口癖と朝のあいさつ）に焦点化して会話を構築しました。

● ポイント　介入を実行しない場合を想定する

　みなさんは、1つ疑問をもつかもしれません。それは「今回はこの母親があ
いさつの提案を実行してくれたから成功したけれど、それは大きな賭けであり、
あいさつの提案を母親が実行しなかったら、この面接は失敗だったのではない
か」と。しかし、その心配は無用です。

　もし母親が息子にあいさつができないのであれば、私は次回の面接で「ここ

第9章 ● 関係性をあつかう　143

まで一生懸命なお母様でさえ息子さんにあいさつをすることすら難しいことが わかりました」とまず母親が介入をしなかったことを肯定的に受け止めるで しょう。そのうえで、「ということは、息子さんがお母さんの言いつけを素直 に守ることも、わかっていてもできない、やりたくてもやれない非常に難しい ことなのかもしれませんね」と、伝えるでしょう。母親の反応を確かめてから「息 子さんが『わかっているけどできない』というお母さんと同じ悩みを抱えてい るのならば、息子さんに対して人生の先輩としてどんなことが言えるでしょう か」などと母親に反発する息子の立場に置き換えるかもしれません。

　このように、あいさつの提案を母親に伝えられれば、実行しようがしまいが どちらでもよいのです。

　この事例では、母親は小言や独り言（愚痴）で、息子は不機嫌になり暴れる ことでしかコミュニケーションを取れませんでした。あいさつを入れることで 問題行動がなくても会話が増え、コミュニケーションがはかられはじめました。 コミュニケーションが取れていくと、家族関係にも改善がみられます。その最 たるものが息子からの母親への母の日のプレゼントだったのでしょう。

（●ポイント） 家族病理のとらえ方

　家族療法では従来、何らかの問題があることによって家族が安定し、その問 題が解決すると別の問題が生じると考えられていました。

　ブリーフセラピーに対しても、「問題の根本的解決になっていない」という 批判があります。相談者や関係者からも同様の質問を受けることがあります。 そのような場合には「今回、これだけ劇的に変化できたのだから、次回何か あっても何とかなりますよ」と力強く伝えています。

　人の一生、そして他人とのコミュニケーションにおいて、今後もさまざまな 問題は起きるでしょう。でも、それはそれ。けっして今回根本的に解決してい ないから、新たな問題が出てくるのではありません。むしろ、<u>根本的な原因の 除去などを考えなくても問題は解消する</u>という成功体験ができることで、新た な問題が起きても「まぁ、何とかなる」と楽観的な対応ができるのです。

144　第3部　ブリーフセラピーの面接を体験する

この事例のまとめ

(1) この事例の問題は「息子の家庭内暴力」でした。

(2) 対処行動は「洗濯物を放置させない」「必要がなければ近づかない」でした。

(3) 対処行動以外の行動としては「洗濯物を放置する」「必要がなくても近づく」ことが考えられました。

(4) 気をつけることは、すでに母親にアザができておりかなり激しい暴力だと想像できるということです。暴力を減らそうとすることで一時的に状態が悪化することがあります（行動療法でいう、エクスティンクション・バーストに近い）。それは絶対に避けなければなりません。暴力以外の部分への介入が必要です。

【事例】母子を孤立させずシステムを活かすには

あなたはカウンセラーとして活動しています。子どもの不登校に悩む保護者から次のような相談がメールでもち込まれました。

息子が小2の3学期より五月雨登校を繰り返しています。1日も休まず登校できる学期もありましたが、現在は週1日か2日の登校です。原因はその都度ありましたが、今は特別な理由が見当たりません。「学校は疲れる」「勉強したくない」といいます。

病院でカウンセリングも長く受けていますが、回復と不調を繰り返している状況です。

父親は力ずくでも学校へ行けという立場で私とは対立しており、母親としてこれからどうしようかと悩んでいます。息子はあまり感情を表に出しません。

不登校が続く長い日々に親子とも前向きな気持ちを維持できずに疲れています。ぜひお力を貸してください。

上記の少ない情報のなかで、みなさんはどのような想定をするでしょうか。

第9章 ● 関係性をあつかう　145

以下の問いを考えてください。上記の情報だけでわからないことは「わからない」で構いません。

> **Q1.** 一番の問題は何でしょうか。
> **Q2.** 対処行動について、できるだけ否定形で表現してください。
> **Q3.** 対処行動の正反対の対応はどのようなことでしょうか。
> **Q4.** 何か気をつけなければならないことは、考えられるでしょうか。

初回面接

　母親が来談。遠くから来たことをねぎらい、面接を開始しました。メールの内容を確認しつつ、具体的に内容を聞いていきます。

　母親いわく、父親が非協力的とのことです。病院でも「何で俺があんな若い医者に意見されなきゃいけないんだ」と言っていたそうです。今回のカウンセリングも「もう俺は知らん。勝手に行ってこい」と言われ、母親のみ来談したそうです。

　この時点で、夫婦の対立と（父親のように「力ずくでも学校に行け」と言わない）母親と子どもの距離が近いことが想定できます。そう考えると、母子密着（→ P34 参照）の仮説を立てて面接に入ります。あくまで仮説なので、違う場合はすぐに別の仮説に変える必要があります。

初回面接の続き

　Co（カウンセラー）：少し変な質問をしますが、どうなればよかったなぁと思いますか？
　母親：思いつかない。よくなっても変わらない気がします。夫には息子のことを言われるし、息子にも父親が嫌いだと言われるんです。

　終始、母親が涙を流していて、夫が子育てに非協力的であること、夫・息子（IP）の仲が悪いこと、同居している姑が隣近所に「嫁の子育てが悪

146 　第 3 部　ブリーフセラピーの面接を体験する

いせいで孫が不登校になっている」と言いふらしていること、娘（息子の妹）が通う幼稚園の園長から「指しゃぶりや爪噛みがみられる。お母さんの愛情不足だろうから、もっと接してあげて」と言われること、これまでに相談した県の教育相談センターや学校の担任が「不登校になったのは家庭が原因。お母さんがもっとしっかりしてお子さんに接しないといけない」と言われたことなどが語られました。

Co：ところで、今日はお母様が面接に来ている間、お子さんたちはどうやって過ごしているのですか？

母親：夫が休みで家にいるので、預けてきました。どうせ、競馬を見ているだけだと思いますが。

Co：そうですか。ご自宅に帰った後に「せっかくの休みの日に子どもたちの面倒を見て、奥さんがカウンセリングに来るための協力をしていただき助かった」とカウンセラーが感謝していたと伝えていただけますか？　お母さんからすれば「何でその程度で感謝しなくちゃいけないのか」と思うかもしれませんが、私のために協力して下さい。

母親：わかりました。

Co：ほんとうですか。ありがとうございます。あと、次回までに息子さんの調子のよいときと悪いときの違いを知りたいので、観察して記録しておいていただけますか？

　母親は泣き通していました。声もか細く聞き取るのがやっとの状況です。ここまで聞いたところで、初回面接では観察課題のみで、大きな提案することは避けました。1つは、今の母親の状況から新しいことを提案しても実行できるようには思えないためです（図3-7）。

第9章 ● 関係性をあつかう 147

図 3-7　母子密着の悪循環

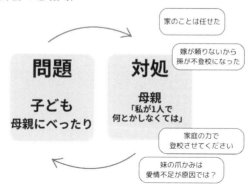

> **ポイント**　提案しないことも大事

　ブリーフセラピーで介入を提案したとしても実行されないことは、カウンセラーとしては織り込みずみでした。しかし、母親にとっては「実行できない＝やっぱりダメな母親」というフレームになるかもしれません。もしかすると、「カウンセラーに言われたこともできない。これではカウンセリングを続ける意味がない」と中断につながるかもしれません。そのようなリスクを避けました。もう1つは、新たな提案をすることは、暗に「今までの母親の取り組みでは不十分（あるいは間違い）」というメッセージになることも避けるためです。
　以上の理由から、子どもへの接し方については介入を控えました。

> **ポイント**　動ける人が動く

　本事例では、父子関係を安定させることが役立つと考えられます。しかし、この状況で、子どもからも父親からも歩み寄るのは難しいでしょう。面接には母親のみが来談していますが、母親を通して父子の関係を改善させるというのは、私には困難だと判断しました。もちろん、母親の力不足や母親側に問題があるということではありません。正確に言えば、面接中にずっと泣き通しの母親の姿を見て、また母親から語られる父子の情報を聞いて、「母親から父子関係の改善を働きかけるのは難しい」と私が拘束されたのです。
　また、意見が対立しているときに母親の考えに同調したとしても、家に帰っ

てから母親が父親や義母に意見を伝えても、意見は変わらないでしょう。そうなると、「今までと同じこと」となり、変化をつくれません。いっぽうで母親が父親と協力することは今までのパターンを変えることになります。

　もちろん、両親の意見が対立した場合でも、どちらかの意見に乗ることもあります。たとえば、「殴ってわからせなきゃダメだ」という意見と「本人のできているところを伸ばそう」という意見で分かれていたら、おそらく後者の文脈に乗るでしょう。

　ただ、文脈に乗るとしても意見を主張するだけでは、不登校の子どもに登校刺激を与えているのと一緒です。戦略的に進める必要があります。そこで、父親との連携を図ることが大事になります。

　もう1つは、うまくいかなかった場合に他人のせいにしてしまうからです。「自分たちの責任でやる」という覚悟をもつことが大事です。

第2回面接

　新学期が始まりました。前回面接での「学校にはまったく行けないだろう」という母親の予想に反し、何回か登校しています。
Co：何がよかったと思いますか？
母親：朝、父親がいて「数時間でいいから学校行ってみろ」と言いました。これまで（玄関から息子を放り出す）とは違ってやさしく対応していました。
Co：ほかには？
母親：担任が毎日夕方に来て、息子と話します。少しプリントなどをさせます。息子は担任を嫌いなようなことを言っていましたが、プリントに正解して誉められたりするとまんざらでもなさそうです。

　母親が父親へ（カウンセラーのかわりに）感謝を伝えたことが功を奏したのか、父親の言動に変化が出てきました。父親のやさしい声かけに息子は登校を再開します。登校することで、息子と担任の関わりも生まれてきます。遅れている勉強を教えるなど担任なりに息子との接点をつくろうとしているようです。

● 第2回面接の続き

【子どもが学校に行ったとき】

　2時間程度がんばって、母親が迎えに行きます。運動会前日は2時間目の終了後「帰る」と言ったものの、担任に「もう少しいれば」と言われ最後までいました。

Co：何がよかった？

母親：運動会前日の変則授業で大好きな図工が4時間もありました。あと、5年生で運動会の準備役でもあったので、みんなに感謝されて気分がよかったのではないかと思います。

Co：自己肯定感が大切です。他人に感謝されるというのは自己肯定感を満たすために一番よい方法です。旦那さんにも、努力していることに関して伝えて感謝してあげるとよいかもしれません。旦那さんも息子さんも白黒はっきりさせるほうが好きなんでしょう。これは男性に多い特徴なのでしかたありません。だから、「いくら努力しても無理」とあきらめる前によい結果を伝えてあげる必要があります。

　この場面で、「旦那さんも息子さんも」と男性に多い特徴というフレームで話しました。このフレームを入れたことで、「夫が悪いわけでもなく、息子が悪いわけでもない、男性に多い特徴なのだ」と外在化しました。また、女性である自分が納得できなくても仕方がないことという暗示にもなります。

　そのうえで、こまめなフィードバックを入れることで、システムの自己制御性が働かないようにしたのです。

【●ポイント】　ブレーキをかける（ゴー・スロー・パラドクス→P57参照）

　ここまでくると、カウンセラーはブレーキをかけるだけです。登校できることで両親の期待が高まります。そうすると、以前やっていた強く登校するように働きかけたり、登校しないときにガッカリするなどの偽解決行動が出てくるかもしれません。カウンセラーがあからさまにブレーキをかけることで偽解決行動をしにくいようなメッセージを意識します。

150 　第3部　ブリーフセラピーの面接を体験する

第2回面接の続き

【学校に行けるようになる前兆】

母：はじめて息子が大人へ自己主張しました。

　小児科の定期受診の際に、待合室で母親に対して「明日からは学校にちゃんと行くよ」と言ったといいます。友だちに「来い」と言われたらしいです。結局、3日目は2時間目まで出席、4日目は休みました。また、病院のカウンセラーとオセロをしました。今まではスミを取られると戦意喪失していましたが、病院のカウンセラーの「そこに置いたらスミ取っちゃうぞ！」という言葉に対し「それでもいい！　僕はここに置く！」と自己主張しました。その後、僅差で敗れたものの最後まで戦意喪失しませんでした。

Co：すばらしい！

【父親の変化】

　これまで荒っぽかった父親が、休日には公園へ妹も連れて遊びに行くようになりました。先日は息子と1時間ほど話し合って、「お父さんは学校に行ってもらいたい」と告げたそうです。木曜日・金曜日と行ったことに関して「2日もいけたのか!!」と驚きました。

Co：これまで「学校に行って当然」と言っていたとは思えない変わりぶりですね！

母：（同意する様子）

ポイント 　「できる」のは、「当たり前」ではなく「すばらしい」

　「這えば立て、立てば歩めの親心」ということわざもあるように、1日でも早い成長を願うのは親なら当然かもしれません。特にブリーフセラピーの場合、短期で問題が改善することもあり、最初は大きな問題としてとらえていたものを小さく感じてしまうことがあるようです。そのため、当初のゴール（問題改善）が達成できると次のゴールを目指す場合があります。

　知らぬ間に相談者のペースに飲まれて、次のゴールを追い求めてしまうと、そのゴールが達成できても新たなゴールがつくられていきます。

第9章●関係性をあつかう　151

もちろん、新たな問題改善を目指すことは悪いことではありません。ただ、問題探しを繰り返すことになるので注意が必要です。**ゴールを達成したら、一度そこまでの成果を振り返ってねぎらうことが大切です。**一旦締めたあとに、次のゴールに向かうかどうかを決めましょう。

　初回面接と第2回面接の最大の違いは、母親がほとんど泣いていなかったことです（前回は部屋に入る前から目が真っ赤に泣き腫らして60分間泣きっぱなし）。これは、父親の協力を得ることができて、IPも学校に通い始めるなど順調に進んでいる証拠と考えます。

　父親とIPのコミュニケーションが順調に進んでいるのも大変よいことです。しかし、今後調子が悪くなる可能性もあります。こちらも焦らずに進めることが大事です。妹に関しては心配ですが、IPが登校を再開すれば母親が妹へ対応する時間も増えて良好になっていくはずです。IPの登校が続いていて父親の協力があり、母親の負担が減っていれば、予防策を施したうえで終結させることはできそうです。

● 第3回面接

> 母親：週2〜3回しか行っていません。
> Co：えっ、週2〜3回も行っちゃってるんですか？？？
> （母：驚く様子）
> Co：夏休みには、「2学期は一度も行けないだろう」と言っていたので週2〜3回も行けるとは思いませんでした。

［● ポイント］　ゴールを確認する

　カウンセラーはあえて驚いています。そのうえで「夏休みには…」と以前の母親の発言を引用しました。繰り返しになりますが、ゴールがずれることがあります。その都度、当初の設定を確認しましょう。

　ずれたゴールに話を合わせてしまうと、いつまでも問題探しとなってしまいます。今回はその場で前提の確認ができましたが、ついつい相談者の話に影響を受けてしまい、後で気づくこともあります。

152　第3部　ブリーフセラピーの面接を体験する

その場合は、以下のように気づいた時点で振り返れば大丈夫です。

「話を少し戻しますが、前回の面接で点数をうかがったときに……」

「1つ確認ですが、前回話していただいた〜の件についてはクリアしたという理解でよろしいでしょうか」

第2回面接のポイントの通り、「できて当然ではなく、できていることがすばらしい」と伝えてあるので、こちらが驚くのが自然になります。前回面接で「学校に行けたんですか。じゃあこの調子でどんどんよくなっていきましょう」などと伝えていたら、大きく落胆したでしょう。

● 第3回面接の続き

【学校に行く日と行かない日】

行く日は、6時間目まできちんと出席しました。行かない日は前日の夜からため息が多く「明日は○○があるのヤダなぁ」とか言い、当日の朝も寝起きが悪く着替えなどもギリギリまでしません。

【1万円盗難】

妹の七五三のお祝いとして親戚から3万円いただきました。祝い袋に入れたままにしたところ、後日2万円しかないことに気づきました。そのときは、母親は「おばさんおっちょこちょいだから間違ったのねぇ〜」と言い、父親は「俺じゃないぞ」と笑って流しました。

その後、新作のゲームソフトが息子の部屋から見つかり（息子に「親には内緒」と言われていた妹があっさり暴露）、息子が1万円を取ったことがわかりました。父親との話し合いでも息子は「友だちに借りた」の一点張りでした。

母親：今は、そのソフトを私が預かっていますがどうすればいいのでしょうか？

Co：「次はもっとバレないようにやりなよ」って言ってみましょうか？

母親：（笑う）

Co：それは冗談としても、もう十分身に染みていると思うのでもう説教は

第9章 ● 関係性をあつかう　153

しないほうがいいです。

母親：確かに、そうですね。

Co：1万円だけ引き抜いて、新作ソフトを買って、借りたなどとごまかすのはバレバレです。僕なら3万円全部抜いて証拠隠滅してしまいますが（笑）、こんなふうにわざとバレバレのことをするのは何か意味があるのではないでしょうか。もし意味があるとしたらどんなことだと思いますか？

母親：寂しいのでは？　注目してほしいのかも。

Co：なるほど、そうかもしれませんね。（メモを記入しながら独り言のように）さすがにお子さんの気持ちをよくわかってるなぁ。

　IPが1万円を取って、ゲームソフトを買ったということです。私にとっては、このやりとりのなかで一番注目したのが父親が「俺じゃないぞ」と笑っていたというエピソードでした。

　これまでの父親なら、怒り始めるか、きちんと管理をしていない母親を責めたかもしれません。しかしここでは、「俺じゃないぞ」と自虐的な反応をしていることで、父親に余裕があり、家族の関係性もかなり改善していることが伝わってきました。

●ポイント　あえて意味を聞く

　ブリーフセラピーは、コミュニケーションに対して意味論ではなく語用論で理解していきます。したがって、「この言動は何を象徴しているのか」というような解釈はしません。

　しかし、ここではあえて母親にIPが「わざとバレバレのことをする」意味を尋ねました。母親のIPに対するフレームを構築しているのです。

●ポイント　カウンセラーが相談者の答えを誘導する

　フレームを構築するために重要なのは、質問の仕方です。

　IPが1万円を取ったのは、妹が母親に告げ口をしたことで発覚しました。妹が言わなければ、IPの仕業だと誰も疑っていなかったのです。そのため、「バレバレのこと」とは言い過ぎた表現です。

154　第3部　ブリーフセラピーの面接を体験する

しかし、カウンセラーはあえて「わざとバレバレのこと」という表現を加えて母親にIPが1万円を取った意味を尋ねました。つまり、ただ「1万円を取った」意味を聞いていたのではなく、カウンセラーとしては母親が「IPは寂しいのでは」と答えるように、質問で誘導しているのです。

　もし、カウンセラーが「なぜ1万円を盗んだのだと思いますか？」と尋ねたら、おそらく「ゲームが欲しかっただけでしょう」「親に言っても買ってもらえないとわかっているから」などの答えが返ってきたでしょう。

　「寂しいのでは？」と答えるのと「ゲームが欲しかっただけ」や「親に言っても買ってもらえないとわかっているから」との回答では、その後の会話の流れは大きく変わります。

　今回は、意味を尋ねましたが、ほかの場面でも前提を入れたり、表現を工夫するなどして、問題解決に向けた会話を構築しています。

　普段の私たちの何気ない会話がどれだけ相手を拘束しているか、改めて実感できると思います。

● 第3回面接の続き

【夫婦関係について】
Co：以前は、絶対に離婚したいとおっしゃっていましたが、現在はどうですか？　たとえば、「絶対に離婚したい」を0点、「まぁ、何とかやっていける」を100点とすれば、何点ぐらいでしょうか？
母親：まぁ、何とかやっていけるを、100点とするなら80点かな？
Co：80点ですか！　だいぶ上がってきましたね。ちなみに比較的点数が悪くなるときはどんなときですか？
母親：過去のひどいときを思い出すと（涙ぐむ）。
Co：そうなんですね。変な質問をしてすみませんでした。そろそろ時間なので、次回までにやっていただきたいことをお伝えします。

　本面接では、IPの不登校の問題から夫への不満へと話題の中心が大きく変化しました。しかしながら、スケーリング・クエスチョンでは80点を超えて

おり、調子が悪くなるときも「過去のひどいときを思い出すと」ということです。裏を返せば、現在はそれほど夫への不満ではないことがわかりました。

　ここで、カウンセラーは2つのことに気をつけました。

ポイント　スケーリングの設定

　1つは、スケーリングを「まぁ、何とかやっていける」を100点にしました。ここで、「夫婦でうまくやっていける」「夫婦仲が一番よい状況」などを100点にすると、おそらく低い点数となったでしょう。目標を下げることで、高い点数を答えやすいように質問をしました。これも、問題解決に向けた会話を構築するためのポイントです。

ポイント　過去を不用意に聞かない

　「過去のひどいときを思い出すと」という母親の言葉を受けましたが、過去の話を広げませんでした。ここでは、残り時間が少ないことを理由にしましたが、もし時間にかなり余裕があっても、別な理由をつけたり、理由をつけずにストレートに話題を変えていたでしょう。どうしてもここで過去の話を聞きたくなりますが、あくまで面接の流れを重視して役立つ情報だけを聞いていきます。カウンセラーが注目しないことが、母親へのメッセージにもなります。

　あつかい方次第では、「カウンセラーはまったくわかってくれない」「寄り添ってくれない」とカウンセラーへ不信感をもつように拘束してしまうかもしれません。そのような不信感をもたれないように、表情や声の調子などの非言語を意識して使うことで、スムーズに話題を変えていきます。

第3回面接の続き

【終結か継続か】

　登校が再開されていること、父親の協力が得られていることなどもあり、父親が「休みの日まで自分だけで子どもの面倒を見るのは疲れる」と言っていると母親から語られました。

Co：休みながらも順調に登校しているし、非協力的だとおっしゃっていた旦那さんが協力してくれているので、旦那さんの負担を軽減させるためにも終結して、浮いた月会費分で外食でもされたらどうですか？

母親：それも考えましたが、もう少し継続したいです。このまま息子が順調だと夫に似ている悪い部分ばかりが目についてしまいます。それを何とかしたいんです。

Co：わかりました。こちらとしては終結されるより継続していただいたほうが経営面ではうれしいです（笑）。

【介入】

Co：次回までに、旦那さんと息子さんの似ている点をメモしてきていただけますか？　そのうえで、二人の調子のよいときと、悪いときを観察してみてください。

● ポイント　何を問題と見ているか

　母親から「悪い部分ばかりが目についてしまう。それを何とかしたい」という言葉が出ました。「悪い子どもを何とかしたい」などの、「問題の子ども」ではなく、「悪い部分ばかりが目についてしまう、自分」を変えるという考えはささいに見えて、非常に大きな違いです。誤解を避けるために何度も強調しますが、ここで「子どもではなく母親が問題だ」と言いたいわけではありません。「子どもを変えなければいけない」「夫が変わらなければならない」といった、（自分は現状維持で）他者の変化を求めるだけではなく、**「まわりが動くためにもまず自分が動く」** ことは相互作用の**基本**です。

　次回以降、夫婦関係の問題を中心に話すことになるかもしれません。しかし、

第9章 ● 関係性をあつかう　│　157

スケーリング・クエスチョンで80点と答えていること、元々が「子どもの不登校」の相談であったことから母親から改めて相談の依頼がない限りは終結したほうがよいと考えます。

今回は、母親がまだカウンセリングを必要としていました。そこで、カウンセラーは「経済的に助かる」とカウンセラーを助けるという文脈にして継続しました。このときに「では、次回は○○について話しましょう」などと新たな問題をつくりだしてはいけません。あくまで、相談者が問題とすることが問題であり、相談者が問題としなくなれば問題はないのです。

介入は、観察課題のほかに、IPと夫の似ている点を挙げてくるように依頼しました。もし、次回に似ている点が列挙されれば、いろいろな形でリフレーミングしようと考えていました。たとえば、「わがまま」を「家族のことを信頼して本音を出せている」などとポジティブな意味づけにできるでしょう。ほかにも、以前の面接でも使った「男性に多い特徴」とすることで、夫への非難をやめることができます。あるいは、IPへの関わり方でうまくいったことを「旦那さんにもやってみましょう」などと提案するかもしれません。

ほかにも内容次第でいろいろなリフレーミングができるはずです。

● 面接のその後

　次回面接はおよそ1か月後に設定しました。面接予定日の前日に連絡があり、運動会が雨天順延となり面接日と重なってしまったとのことです。

　近況を聞くと、週1回ほど欠席しつつも登校を続けているとのこと。面接に来る日は父親が子ども2人の面倒を見ることになり、父親の負担となっているとの報告がありました。

　カウンセラーが「たまの休日に父親が子育てに協力していることに感動を覚えている」と妻から夫へ伝えてもらったうえで、とりあえず翌月に面接を設定して、運動会が終わってからも順調ならキャンセルしてよいと伝えました。翌月面接の必要がない旨の連絡が入り、状況を確認したうえで終結しました。

この事例のまとめ

(1) この事例の問題は「両親の意見が割れていること」でした。ここで「学校に行かないこと」を問題に設定することもできますが、少なくとも相談当初に「力ずくでも学校に行けと言う父親と対立」という情報から、少なくとも母親は「力ずくでも学校に行け」とは考えていないことがわかります。そこまで、欠席を問題視していないのかもしれません。いっぽうで父親との意見の違いは「対立」という表現を使っていることからも、問題であると考えているようです。
(2) 対処行動は「相談せず単独行動をする＝意見がそろわない」でした。
(3) 対処行動以外の行動としては「意見をそろえること」が考えられました。
(4) 気をつけることは、意見をそろえるために、いっぽうの意見を採用して、他方の意見を却下すると、協力関係が得られにくくなることです。

【事例】ご近所問題をブリーフセラピーで考える

メールカウンセリングで以下のような内容が届きました。

1通目：相談者→カウンセラー

数週間前から、自宅の庭にガムの包み紙や噛んだあとのガムが吐き捨てられることが続いています。てっきり息子の仕業かと問い詰めましたところ、口では「違う」と答えます。

ある日、今度はうちで買い物した記憶のないお菓子の空き箱が同じ場所に捨てられており、うちの子ではないのかもと思いはじめました。雨の日と、夫や私が在宅のときは起こっていません。
一昨日は、ガムテープを丸めたごみが2つ捨ててあり、いつもと違いを感じました。そして昨日、庭を見ると、噛んだガムと画びょうが2つばらまかれていました。
ガムテープも、画びょうもガムも、わが家にも同じようなものがあるため、

第9章 ●関係性をあつかう　159

犯人の特定はできません。

隣の家の男の子（小学 2 年生）が、わが家の敷地に入って、家を覗いていたり、一人で家のまわりをうろつくことがあるため、「あの子の仕業か？」とも想像しています。でも息子の可能性もゼロではないため対応に困っています。昨日の画びょうについては、ちょっといたずらの域を超えているこわさも感じたため（恐怖心をあおっている）、貼り紙などすれば逆効果になってしまうのではないかと困っております。今のところ、家族内で情報共有し、黙ってこれらのごみを拾っているだけです。

どうすればよいかわからず、でもこのまま何もしないでいると、画びょうの次に、何かエスカレートしたものが置かれるのがこわいです。

どのように対処すべきか教えてください。

確かに、食べかすや画びょうが置かれているのは、心配です。

ここまでの内容を見たところで、カウンセラーとしては相談者が指摘するように「貼り紙などをすることは逆効果になってしまう」という意見には同意します。同様に監視カメラを仕掛けるといったことも、コストがかかりますし、貼り紙もカメラもやめどきが難しいので避けたほうがよいと考えました。

いっぽうで、「捨てさせないようにすることが悪循環だから、もっと捨てさせるようなパラドクスを仕掛ければいい」という考えも、文脈づくりが難しそうです（少なくとも私にはいいアイディアが浮かびそうにありません）。

ごみを捨てるという内容への介入は難しそうなので、関係性に注目してみましょう。おそらく、息子さんに対しても隣のお子さんに対しても、「だます側・だまされる側」といった対立関係になりそうです。犯人じゃなかった場合を考えても、対立関係ではなく協調関係を築くほうがよさそうです。

まだ情報が少ないですし、介入は急がず、情報をさらに聞き取ります。

2通目：カウンセラー→相談者

丁寧に書いていただきありがとうございます。

子どもを疑いたくないし、でも状況的には真っ白と断言しにくい。さらには、誰の仕業であろうとこのままでは、エスカレートするのではと心配になるのは当然です。

いくつか、アイデアがあるのですが、具体的な提案をするために、よりくわしく知りたいので、いくつか、質問させてください。

答えにくいことがあればパスして構いませんので可能な範囲でお教え願います。

お子さんの年齢（学年）、性別、お母様から見た性格（長所短所こだわらず）、お隣のお子さんについても、同様にわかっている情報などを教えてください。

・ポイント 　**質問をする理由もきちんと選ぶ**

　質問をする際にここでは「具体的な提案をするために」という理由で質問をしました。なぜ、質問をするのか、理由もとても重要です。回答がくわしければくわしいほど、こちらの提案に対するやる気の表れと判断できます。

　今回はもともと相談者からのメールがわかりやすく、「捨てる・捨てない」ではなく関係性を重視したほうがよいと考えられました。メールでも口頭でも、わかりにくい場合があります。そのときに「これだけじゃ、コメントのしようがないので、いろいろ聞かせてください」とか「内容がよくわからないので、質問します」などと伝えたら、相談者は身構えてしまったり、恐縮させてしまうかもしれません。どんなときでも、相手が答えやすい、そしてこちらがあつかいやすい質問をすることが大事です。

3通目：相談者→カウンセラー

質問にお答えします。

息子は小3で一人っ子です。

性格は、家では明るくやんちゃですが、学校ではおとなしい。自分に都合

が悪いとき、うそをつきます（人をおとしめるようなものではないです）。
わが家では平日は息子が一番遅く家を出て、一番早く帰ってきます。
ガムテープと画びょうは、子どもの手の届かない位置にしまってあり、ど
こに置いているかは息子に教えたことはありません。
私は、常に最悪のケースから想像してしまうため、「うちの子に限って、そ
んなことをするはずがない」とは思えず疑ってしまいます。「自分が疑われ
ないようにわざと隣の子の仕業に見せかけているのでは」とも考えてしま
います。
先日夫が隣の子が庭のまわりをウロウロしている様子を目撃しており、怪
しいと話し合っていますが、ごみを捨てる現場を見ているわけでもないの
で、何もできません。
参考までに、隣のご家族は私から見ると少し変わっていて、ご近所づき合
いがまったくありません。そして、去年赤ちゃんが生まれたようで、小学
生の彼を、ヒステリックに怒鳴っている声と泣き声が聞こえてくることが
あります。そのため、私は「その子はストレスがたまっていたずらをして
いるのでは？」とも考えています。

　息子さんとお隣のお子さんの様子が、ある程度見えてきました。あくまで犯
人探しではなく、今後庭にごみや画びょうが置かれることがなければよいので
すから、現場をおさえる必要はありません。隣のご家族との関係もあまり良好
とはいえないようですので、貼り紙や監視カメラを準備したり、犯人探しをす
ると隣のお子さんの仕業であってもなくても、険悪な関係になりそうです。
　やはり、敵対するのではなく協力し合う戦略が、ふさわしいと考えます。

・ポイント　犯人が特定できないときこそ、ブリーフセラピーが役に立つ

　メールを見る限り、息子さんの仕業か隣のお子さんなのか、ほかの人の仕業
か、よくわかりません。このような犯人や原因がわからなくてもうまくいくの
が、ブリーフセラピーのよさです。"犯人探し"ではなく、悪循環を断ち切る
ことで"再発防止"を目指せばいいのです。
　再発防止のためには、問題を継続させている可能性のある対処行動を変える

必要があります。とはいえ、「犯人も原因もわからなければ対処行動が特定できない」と考えてしまいます。確かに、対処行動の特定は難しそうです。

このような場合は、ブリーフセラピーの基本に返り、「動ける人が動く」「自分が変わることで相手を変える」「みんなが得をする」という3つを考えましょう。

4通目：カウンセラー→相談者

メールの内容、よくわかりました。
お隣さんもいろいろ困った感じですね。

さて、今日のところの私からのコメントをさせていただきますと、大きな方針としては、お子さんに対しても、お隣さんに対しても（心のなかでは疑っていても構わないので）表向きは協力者として接したほうがいいですね。
もし、犯人がまったく違っていた場合、親子関係やご近所関係に悪影響が出ます。
そのため、協力者として接するうえで、次のことを提案させていただきます。

・息子さんに対しては、アドバイスを聞いてみてはどうでしょうか。
たとえば「前にも話して、あなたのことを疑ってしまったけれど、相変わらずガムとかが落ちてるの。最近は画びょうまで出てきてこのままじゃまずいと思うんだけれど、どうすればなくなると思う？」「たぶん大人はやらないと思うから子どもだと思うんだけれど、どうしてうちにばっかり落ちてるんだろう」など、お子さんを「子ども心理の専門家」あつかいして、専門家に話を聞く感じで話してみたらどうでしょうか。
そのうえで、もし使えそうなアイディア（貼り紙をつくるなどの大胆なことではなく、やってもやらなくても影響のなさそうなささいなこと）を採用して実行できれば完璧です。

・お隣さんについては、今のところ何もしなくていいと思いますが、もし接

触があった場合は「うちに最近ごみの投げ捨てが多いのだけれど、お宅は大丈夫？　この前は画びょうとかもあったから、お子さん小さいしお宅も気をつけたほうがいいかも」と画びょうを踏んだら大変だと心配しているだけで、けっして疑っていないという雰囲気を出して伝えてみてください。

お子さんの助言を実行し、ごみが落ちていることがなくなれば、「あなたのアドバイスのおかげでなくなったよ。ありがとう」と感謝を伝えます（けっして、「やっぱりあなただったのね」ということは思っていても口には出さず）。
お隣さんについても、ごみがなくなったのであれば、次に接触した際に「最近減ってきてよかったわ。子どもがいるしお互いに気をつけましょうね。また何かあったら相談させてください」などと言えれば、完璧です。
あくまで例なので、細かい表現や伝え方は自由にアレンジしてください。これなら、問題を解決する可能性が高いうえ、関係悪化などのリスクも少ないと思います。

以上、思いついたまま書かせていただきました。まったく参考にならなかったらごめんなさい。今後ともよろしくお願いいたします。

　方針だけと言いつつ、かなり具体例を入れました。ここまでやれば、相談者も実行しやすいでしょう。

●ポイント　メールカウンセリングでは方針を伝える

　メールでの相談なので、あまり細かい介入はしません。対面の場合は相手の反応を見てこちらの意図通りに伝わっていることを確認しながら提案できますし、提案を取り下げることも可能です。いっぽうで、メールの場合は相手の反応が読めません。こちらは説明段階のつもりでメールを送信しても、さっそく当日に提案を実行して、翌日に返信をされる可能性もあります。細かく説明をしすぎると冗長なメールになり伝わりにくくなるため、方針のみを伝えてご自身でアレンジしてもらうようにします。

164　　第3部　ブリーフセラピーの面接を体験する

| ポイント | イメージしやすいように具体的に

　実際にはなくても梅干しを想像するだけで唾液が出てくるように、イメージに対して身体は反応します。したがって、提案をする場合もできる限りイメージがしやすいように具体的な提案が有効です。

● 5 通目：相談者→カウンセラー

　ありがとうございます。
　昨日の出来事で、もやもや、不安と怒りで気が気でなかったのですが、この作戦を参考にして、なんとか夏を乗り切ろうと思います。
　第三者に相談することで気持ちが楽になりました。
　また何かありましたら相談させてください。
　ありがとうございました。

　このあと、1週間後に確認のメールをしましたが、翌日以降、庭にごみが捨てられることはなくなったそうです。

この事例のまとめ

(1) この事例の問題は「庭にごみが捨てられていること」でした。
(2) 対処行動は「何もしない（何をすればよいかわからない）」でした。
(3) 対処行動以外の行動としては「何かする（何をすればよいかわかる）」が考えられました。
(4) 気をつけることは、自分の子どもや隣の家族が犯人だと考えられるが、誰の責任かはわからないため、関係性を悪くしてしまう可能性がある。長くつき合う関係のため関係が悪化するのは避けたい。

第 9 章 ● 関係性をあつかう　165

. . . .

注1：「介入は提案することが重要でやらなくても構わない」と紹介したため、ここでも「デメリットがあっても介入することに意味があるのでは？」と疑問をもつかもしれないが、「ブリーフセラピーは介入そのものに意味があるからどんな介入をしてもよい」のではなく、「介入前にリスクを確認して問題がない場合にしか介入しないから、介入そのものに意味がある」のである。ここだけは、因果関係を間違えないように注意することが必要である。基本的には介入は肯定的ダブルバインドにする。肯定的ダブルバインドにならない介入はしないことを徹底するとよい。

注2：あくまで、この家族の場合は父を加えることにした。家族によっては父親との連携をかたくなに拒む場合もある。そのようなときは無理に連携しないこともある。その方針自体が問題を生みだす対処行動になることは避ける。「必ず父親を加える」あるいは「拒否する場合は絶対に拒む」といった先入観をもたず、「この家族にとってはどちらが適切か」を常に考えることが重要である。

166 第3部　ブリーフセラピーの面接を体験する

167

学校案内の間違いと自分の不注意
～むすびにかえて～

大学１年の夏、私は途方に暮れていました。

・・・

　私は児童相談所のワーカーを目指して、社会福祉士になりたいと考えていました。英語がまったくできないため、英語が入試科目に入っていない大学の入試をさがして受けて、なんとか合格しました。

　入学後の１年ゼミの自己紹介で、「この学校に入学したのは、社会福祉士を目指しているからです。よろしくお願いします」と言いました。拍手もなく、みんな顔を見合わせています。しばらくの静寂のあと、ゼミの先生がひとこと「うちの学科では社会福祉士の受験資格は取れないわよ」と言ったのです。学校案内に社会福祉士の受験資格があると書いてあったことを伝えましたが、先生は「学校案内を作ったのは私だから、そんな間違いするはずがない。あなたが勘違いしただけ」とあしらわれました。

　確かめてみると、学校案内の記述は間違っていたのですが、学校案内だけで学校見学すらせずに入学したのは、おっちょこちょいな私ぐらいで、ほかの人はちゃんと確認していたようです。

　初日からつまづいた私は講義を受ける気にならず、アルバイトをして、時間があるとサークルの部室で麻雀をして過ごしていました。そんな日々が続いたある日、父が経営していた会社がとうとう倒産しました。

　アルバイトをしていましたが、家賃と生活費に消えており、後期の授業料が払えません。社会福祉士にもなれないならと大学を辞めることにしました。

　研究室に行き、先生に実家の会社が倒産したことを伝えて、退学する意思を伝えました。話を聞いた先生は「ちょっと待っていなさい」とどこかに行きました。しばらくその場で待っていると、先生が戻ってきて「学生寮が１部屋空いているから、明日からそこに住みなさい。入居費は一括で払わなくていいから。学費については、まずは奨学金の手配をするから、この書類に記入して」と、一気にまくし立てました。どうやら何らかの段取りをつけてきたようです。

「いえ、大学を辞めるつもりです」と言いましたが、「辞めてどうするの？実家に戻ってもしょうがないでしょ。間違って入学したのも何かの縁だから大学は続けなさい」と、説得されました。確かに、言われてみれば帰る家はもうありません。地元に戻っても、結局は部屋を借りて家賃を払うことになるし、働くあてもありません。後期の学費が払えて、住む場所さえあれば、アルバイトで生活できるし、わざわざ田舎に帰る必要はないことに気づき、私は先生の提案を受け入れることにしました。

　大学を続けることにしたものの、講義にはほとんど出ずにバイトと麻雀に明け暮れることは変わりませんでした。

　ある日、いつものように麻雀をしていると、サークルの後輩から「家族心理学を教えている先生が不登校・ひきこもり支援のNPOをつくるらしいんですよ。それの手伝いを僕に頼まれたのですが、忙しくて無理なので、僕の代わりにやってくれませんか」と声をかけられ、深く考えずに引き受けました。そこで私は、師となる若島孔文先生に出会い、ブリーフセラピーの楽しさと奥深さを知りました。大学卒業後は、「就職活動をしないならNPOを法人化して事務局長になりなよ」とすすめられ、NPO法人の事務局でブリーフセラピーを学びつつ、スクールカウンセラーとして活動を始めました。

　あれから24年が経ち、今も私は家族支援を続けられています。

・・・

　ときどき、私が臨床を続けられているのはなぜなのかを考えることがあります。少なくとも、私がまじめだとか、素質があったからでは決してありません。ゼミの先生が学校案内で取得可能資格の記載を間違え、不注意な私が願書などをよく読まず、学校案内の誤記だけを見て入学したからです。あのときに学校案内の誤記がなければ、そして私が注意深くほかの資料などをじっくり読んでいて間違いに気づいていれば、そして後輩がNPOの立ち上げを断って私を若島先生に紹介しなければ、私は今ブリーフセラピーをやっていなかったでしょう。そして、本書で紹介した相談事例に関わることも、妻と結婚し4人の子どもに恵まれることも、この本を書くことも、実現しません。

　美化するつもりはありません。私は仕事で誰かに迷惑をかけているでしょうし、実家の会社の倒産は多くの人生を狂わせました。しかし、日々のカウンセ

リングやこの本を通してわずかでも誰かの問題が軽減されたのならば、私の英語嫌いと不注意な性格も役に立ったとポジティブ・リフレームができそうです。これからも誰かの「結果オーライ」を構築していきます。

　この本が完成するまでには多くの人の支えをいただきました。

　まずは、本書への掲載を快諾していただいた相談者のみなさんに厚く感謝します。相談者の方々の行った工夫が、ほかの家族の問題にも役立つことでしょう。自暴自棄になっていた大学時代の私に、何もできないにもかかわらずNPOの事務局を任せていただいた若島孔文先生には、ブリーフセラピーの基本はもちろん、臨床の難しさと楽しさを教えていただきました。長谷川啓三先生にも折にふれ声をかけていただき、貴重な助言をいただきました。村尾泰弘先生にも大変お世話になりました。

　大学時代に立ち上げたNPO法人メンタルコミュニケーションリサーチでは、多くのことを学びました。スタッフのみなさんに感謝します。

　ブリーフセラピー勉強会「天極」の齋藤暢一朗氏、森美栄子氏、深谷篤史氏、高瀬絵里氏とは、いろいろ議論をさせていただき、そこで得たものを本書に詰め込んでいます。

　現在、私が活動している合同会社ぜんとの友常祐介氏、高橋美緒氏、鈴木恵美氏、渕澤紫苑氏にも貴重なご意見を頂きました。

　妻と4人の息子たちは、いつも身勝手な私を温かく見守ってくれました。

　4年以上前に金子書房の加藤浩平氏にお声をかけていただき、筆の遅い私を忍耐強く支えていただきました。桂樹社グループの狩生有希氏にはレイアウトをはじめとても読みやすく編集していただきました。

　みなさまにこの場を借りて深く感謝いたします。

2024年8月

吉田　克彦

■ 引用・参考文献

ベイトソン、G.（著）、佐藤 良明（訳）（2000）．精神の生態学　改訂第2版　新思索社

ダイハツ工業株式会社第三者委員会（2023）．調査報告書.https://www.daihatsu.com/jp/news/2023/report_2.pdf（2024年7月23日確認）

フィッシュ、R.・レイ、W.A.・シュランガー、K.（編）、小森 康永（監訳）（2011）．解決が問題である：MRIブリーフセラピー・センターセレクション　金剛出版

フィッシュ、R.・シュランガー、K.（著）、長谷川 啓三（監訳）（2001）．難事例のブリーフセラピー：MRIミニマルシンキング　金子書房

ヘイリー、J.（著）、高石 昇（訳）（2000）．戦略的心理療法：ミルトン・エリクソン心理療法のエッセンス　黎明書房

長谷川 啓三（1987）．家族内パラドックス　彩古書房

長谷川 啓三（2005）．ソリューション・バンク：ブリーフセラピーの哲学と新展開　金子書房

長谷川 啓三・若島 孔文（編）（2013）．震災心理社会支援ガイドブック：東日本大震災における現地基幹大学を中心にした実践から学ぶ　金子書房

長谷川 啓三・若島 孔文（編）、若島 孔文ほか（著）（2002）．事例で学ぶ家族療法・短期療法・物語療法　金子書房

平泉 悦郎（著）、福田 俊一（監修）（1994）．家族療法　朝日文庫

キム・バーグ、インスー（著）、磯貝 希久子（監訳）（1997）．家族支援ハンドブック：ソリューション・フォーカスト・アプローチ　金剛出版

児島 達美（2010）．「問題の外在化」再考、ブリーフサイコセラピー研究、19（2）、67-76.

若島 孔文（2001）．コミュニケーションの臨床心理学：臨床心理言語学への招待　北樹出版

若島 孔文・生田 倫子（編著）（2005）．ブリーフセラピーの登龍門　アルテ

ワツラウィック、P.・ウィークランド、J.H.・フィッシュ、R.（著）、長谷川 啓三（訳）（1992）．変化の原理：問題の形成と解決　法政大学出版局

吉川 悟（2004）．セラピーをスリムにする！：ブリーフセラピー入門　金剛出版

吉田 克彦（2011）．リフレーミング：その理論と実際"つらい"とき見方を変えてみたら：家族療法の視点から、現代のエスプリ、523、85-94.

吉田 克彦（2012a）．解決志向の被災地支援、医療ガバナンス学会メールマガジン、379 http://medg.jp/mt/?p=1581（2024年7月23日確認）

吉田 克彦（2012b）．福島にある問題とその解決、子どもの心と学校臨床、第6号

吉田克彦.家族療法家の臨床ノート：事例で学ぶブリーフセラピー　金子書房 https://www.note.kanekoshobo.co.jp/m/m0befa89fec75（2024年7月23日確認）

吉田 克彦・若島 孔文（編著）（2008）．小学校スクールカウンセリング入門　金子書房

ザイク、J.K.（著）、中野 善行・青木 省三（監訳）（1993）．ミルトン・エリクソンの心理療法：出会いの三日間　二瓶社

索引

和文

あ行

悪循環………20, 21, 22, 23, 24, 25, 27, 41, 94, 98, 101, 105, 140
悪循環図……………………………………20
イメージ……………………………………17
インスー・キム・バーグ…………………69, 98
円環的因果論………………………………11
演技課題……………………………111, 133
応用行動分析………………………………120

か行

解決努力…………………20, 57, 75, 94, 105
介入………11, 94, 103, 109, 110, 111, 112, 120, 141, 148
過重課題……………………………………56
家族療法……………………………………144
観察課題………57, 67, 68, 82, 93, 100, 158
偽解決…………………………20, 28, 150
禁止………………17, 18, 30, 46, 47, 53
クライアント………………………………11
クラス……………………………26, 28, 30
グレゴリー・ベイトソン…………………1, 44
現状維持……………………………………32
肯定的ダブルバインド…………53, 54, 56, 60, 93, 105, 110, 111, 112, 113, 134
拘束………………14, 15, 101, 108, 138

さ行

ゴー・スロー・パラドクス……………57, 150
コーピング……………………………………80
コーピング・クエスチョン…………79, 80, 82
コミュニケーション……………6, 12, 17, 23, 42, 44, 46, 48, 58, 138, 142, 154
コンテキスト…………………………………15, 16
コンプリメント………………………………58

サブシステム…………………………………31, 35
3項関係………………………35, 36, 38, 39
時間配分……………………………………108
システム…………31, 33, 34, 35, 42, 94, 150
姿勢……………………………………………132
疾病利得の悪循環…………95, 120, 124, 140
質問法…………………………………………61, 84
スケーリング・クエスチョン
……69, 70, 71, 72, 73, 74, 75, 78, 79, 155
スターティング・クエスチョン
……………………62, 63, 64, 65, 66, 118, 128
相互作用…………………8, 11, 14, 19, 24, 31, 94, 119, 143
ソリューション………………………………80
ソリューション・フォーカスト・アプローチ
……………………………………………61, 97

た行

対決課題……………………………………58
対処行動……………………………25, 89, 90, 93

ダブルバインド
　……45, 46, 47, 48, 49, 50, 51, 52, 59, 60
ダブルバインド介入 ………………………………55
直線的因果論 ………………………………9, 41
伝え方 ………………………………………12, 59
テキスト ……………………………………15, 16

な行

認知行動療法 ……………………… 1, 80, 120

は行

パラドクス ……………………105, 112, 133
パラドクス介入 ……………… 56, 57, 58, 59
非言語 ……………………15, 60, 139, 156
フレーム ……………………………… 150, 154
ベースライン ……………………………………67
ポジティブ・リフレーミング ………………111
母子密着 ……………………………… 34, 146

ま行

ミラクル・クエスチョン ……………………82, 83
ミルトン・エリクソン ……………… 1, 17, 131
メールカウンセリング ……………… 114, 159
メタファー ……………………………………41
メタメッセージ
　………………15,16, 21, 23, 24, 26, 30, 59
メッセージ ………… 15, 16, 21, 24, 26, 44, 45,
　　　　　　　　　　　　48, 49, 50, 108
メンバー ……………………………… 26, 28, 30

問題行動 ………………8, 17, 20, 21, 24, 39, 90
問題の外在化 ………………………………39, 40

や行

ユートピア ……………………………………132

ら行

リフレーミング ………………11, 78, 111, 158
ルール ……………………………… 31, 34, 110

わ行

話題 ……………………………………… 138, 139

欧文

G

GTN ……………………………………… 122, 124

I

IP ………………………………… 11, 21, 39, 40

S

SFA ……………………………… 61, 62, 67, 68

W

Wow! …………………………………………67, 98

吉田 克彦（よしだ・かつひこ）

合同会社ぜんと代表。精神保健福祉士。公認心理師。福島県出身。大学在学中に不登校・引きこもりの家族支援を目的とした NPO 法人を立ち上げ、家族や当事者とのカウンセリングなどに携わる。その後、スクールカウンセラーとして小中学校及び高等学校にて心理臨床に従事。児童生徒とのカウンセリングのほか、保護者との面談や教職員へのカウンセリングやコンサルテーションを実施。自治体の研修センターや教育センターなどでメンタルヘルスに関する研修や事例検討会のスーパーバイズはのべ 500 回を超える。東日本大震災発生後は、福島県内の被災地域に約 4 年間滞在し、学校ほか各所で子ども・地域住民の心理支援を行った。この際には震災のトラウマや過去の出来事ばかりに注目するのではなく、今後の生活に焦点をあてた現実的な対応を心がけた。その後、企業内カウンセラーとして活動。2019 年に開業し現在に至る。

主な著書（共編著・分担執筆など）に、『教師のためのブリーフセラピー』（2006 年・アルテ）、『小学校スクールカウンセリング入門』（2008 年・金子書房）、『学校臨床ヒント集』（2003 年・金剛出版）、『ブリーフセラピーの登龍門』（2005 年・アルテ）、『ブリーフセラピー講義』（2011 年・金剛出版）、『震災心理社会支援ガイドブック』（2013 年・金子書房）、『復興は教育から始まる』（2014 年・明石書房）など。

※本書は、金子書房 note に 2022 年 3 月〜 2023 年 3 月に連載された「家族療法家の臨床ノート：事例で学ぶブリーフセラピー」をもとに加筆・修正を行った。

「できる」ブリーフセラピー
対人支援に活かす家族療法のコツ

2025 年 1 月 31 日　初版第 1 刷発行　〔検印省略〕

著　者　吉田克彦

発行者　金子紀子

発行所　株式会社 金子書房

　　　　〒 112-0012　東京都文京区大塚 3-3-7
　　　　TEL　03-3941-0111（代）
　　　　FAX　03-3941-0163
　　　　振替　00180-9-103376
　　　　URL https://www.kanekoshobo.co.jp

印刷／藤原印刷株式会社　製本／有限会社井上製本所
編集協力／株式会社桂樹社グループ
装丁・本文デザイン／中田聡美

©Katsuhiko Yoshida, 2025
ISBN978-4-7608-2858-6 C3011　Printed in Japan